新时代城乡基层治理前沿问题研究丛书

U0659001

新时代乡村治理政策创新扩散机制和路径优化研究

杨正喜 著

中国农业出版社
农村读物出版社
北 京

国家社科基金"新时代乡村治理创新的扩散机制和路径优化研究"（18BZZ111）研究成果

教育部新文科研究与改革实践项目"基于乡村振兴战略的公共管理类专业'两融三制四链'培养复合型人才创新与实践"（2021100068）研究成果

广州市社科规划项目"广州推动党建引领制度优势转化为乡村治理效能研究"（2020GZYB37）研究成果

前　言

　　政策创新扩散一直是公共政策研究的主要议题之一。人们普遍认为，1969 年沃克尔关于创新扩散的文章是该领域内的标志性成果，开辟了政治学领域政策创新扩散的研究。从时间序列来看，20 世纪 60 年代该领域仅有少量文章发表，20 世纪 70 年代文章略有增长，20 世纪 80 年代和 90 年代出现稳定的增长，到 21 世纪初大幅度增加。与 20 世纪 90 年代相比，目前所有子领域发表的论文都翻了一倍，这种序列看起来非常像政策采纳产生的标准 S 形曲线。相关的研究主要集中在三个方面：第一，政策为什么会出现扩散。也就是说，什么样的驱动力（机制）导致了政策扩散。第二，哪些政治力量促进或阻碍了扩散。人们会关注政策行为者或其他主体，如政策企业家或跨国组织以及政府对扩散的影响。第三，哪些具体的政策内容正在扩散。回答这个问题将需要学者更加谨慎地了解公共政策的内容和性质，这既是扩散的结果，也是影响政策扩散的因素。

　　一般认为，政策扩散的主体包括选民、民选政治家、被任命的官僚、利益集团以及政策推动者，这些主体间的互动推动了政策扩散。政策扩散模型主要包括：内部决定因素模型、区域扩散模型和国家互动模型。从政策扩散动力来看，政策扩散是内部和外部压力的产物，即政策创新扩散的动力可能来自政体内部，也可能是受到外部其他主体的压力影响等。

　　从我国乡村治理发展历程来看，政策创新扩散成为乡村治理重要的政策过程。在革命战争年代，政策试验是中国革命传统，也是推动政策扩散的重要机制。20世纪80年代初广西宜州农民自发成立的以维护社会秩序、调解内部纠纷和管理公共事务的村民委员会填补了农村基层治理真空。农民的自发创新通过"滚雪球"方式推动国家采纳了这种新的基层治理制度，《宪法》也明确了村民委员会作为基层自治组织的法律地位。党的十八大以来，在中央顶层设计下，全国许多地方进行农村改革试验区建设，取得了良好成果，如农村宅基地"三权分置"等；有一些乡村治理创新被周边地区所借鉴、采纳，实现政策的横向扩散，如浙江"象山说事"等；还有一些地方进行自主探索，部分成果被中央或上级部门吸收成为政策的重要组成部分，形成自下而上"吸纳—推广"的政策采纳方式，如"三治融合"、清单制、积分制等。

一般认为，政策创新扩散主要有四种扩散机制：学习、竞争、模仿和强制。我国乡村治理政策创新扩散的机制与路径主要包括自下而上波浪式层级吸纳、横向学习模仿与纵向压力和自上而下定点试验等几种。首先，安吉美丽乡村政策创新通过政策学习从空间上扩散到省内外周边地区，被浙江省委省政府、中央政府吸纳，并在全国推广，形成波浪式层级吸纳扩散。其次，村级小微权力清单制度在宁海出现后，迅速扩散至宁波市其他县（市、区），并被经济社会环境比较接近的地区所模仿和学习。最后，在自上而下定点试验中，中央对农村改革试验区政策试验进行顶层设计，通过试错和压力测试等多种形式，把地方试验经验吸收到国家政策体系中，并通过命令或指示在全国范围内实现乡村治理创新扩散。

在政策扩散影响因素中，内部因素如地方政治、经济和社会条件等会影响其扩散，如一个地方问题相对突出，就可能推动政策创新扩散；外部因素主要是其他政府行为的影响，既可以是垂直的，如从中央到地方或地方到中央，也可以是水平的，如从地方到地方。同时，人们也认识到政策属性也会影响政策扩散。根据罗杰斯观点，相对优势、兼容性、可观察性可能会加速政策扩散，而复杂性和可试验性可能会制约政策扩散。

就中国地方政策扩散而言，解决政策问题的欲望成为政策创新扩散的动机。问题越严重，创新扩散动机越高，但与此同时，成本如资源依赖、政府间冲突带来的体制机制障碍等制约了政策扩散。如清远村民自治单元改革的政策试点虽然获得中央政府的认可，但在实践中却并没有实现大规模的全国范围内扩散。

与西方国家一样，我国也有许多类似的地方政策试验带来的政策扩散。政策试验经常被看作是促进体制创新的有力手段，它将自下而上的创新和地方经验注入国家政策过程，从而避免在黑暗中摸索，这是中国独具特色的政策制定过程。因为决策者可以鼓励或启动地方试验，这些试验累积后转化为渐进的政策变迁，从而实现政策的扩散。习近平总书记一直强调改革必须坚持正确的方法论，要把"摸着石头过河"与"加强顶层设计"结合起来。将有关基层的建议和当地经验纳入国家政策过程，不仅是中国在基于国情的政治进程中所累积的经验，而且是提升国家治理体系和治理能力现代化的重要途径，也是乡村治理创新扩散的优化路径。

著　者

2022 年 7 月

目　　录

① 绪　　论

1.1　研究背景与意义

　　政策创新扩散一直是西方公共政策领域重要的研究议题。罗杰斯（Rogers）1962 年出版的开拓性巨著《创新的扩散》为扩散研究奠定了基础，大多数创新扩散理论学者的研究都是基于罗杰斯的巨作而来。正因为此，作为扩散研究的汇编和综合——《创新的扩散》一书，被认为是扩散理论的"圣经"。① 而 1969 年杰克·沃克尔（Walker）对美国政府间的创新扩散研究，是第一个明确将扩散理论应用于州政府采纳政策的学者，开辟了政治学领域中关于政策创新及政策扩散研究的先河。② 在此之后，一批学者如格雷（Gray）、格洛尔（Glor）、贝瑞夫妇（Berry&Berry）、萨巴蒂尔（Sabatier）、卡奇（Karch）等都对政策创新、政策扩散等方面的问题进行了探讨，形成了当今世界政策创新扩散蔚为壮观的研究，相关研究对政府决策过程产生了深远的影响。

　　实践中，任何一个决策主体都会面临所谓新的政策问题。创新决策过程指的是决策主体从初次了解到创新，再到对创新形成某种态度，决定采纳或拒绝采纳，以及最后确认该政策的决定。③ 在有限理性条件下，政策制定者经常效仿或学习邻近地区的政策，因为本地和这些地区具有类似的意识形态、经济和人口特征，邻近地区正在推进的政策对本地决策者具有重要参考价值。这些政策制定者不仅会研究相关议题，为决策寻找依据，同时还会进行政策搜寻，再作出最优的政策选择。他们利用其他人的经验来评估某一政策对其管辖区的有效性和适当性。扩散意味着决策者在其决策中考虑了其他城市、地区的政策。因此，扩散不仅仅是现有政策的使用或发生率的增加，而且是动态决策过程的结果。决策者从他人的成功中吸收养分，用其他地方的成功政策代替自己的政

---

① REDMOND W H. Innovation, Diffusion, and Institutional Change [J]. Journal of Economic Issues, 2003, 37（3）: 665 - 679.

② NICHOLSON - CROTTY S. The Politics of Diffusion: Public Policy in the American States [J]. The Journal of Politics, 2009, 71（1）: 192 - 205.

③ SAVAGE R L. Diffusion Research Traditions and the Spread of Policy Innovations in a Federal System [J]. The Journal of Federalism, 1985, 15（4）: 1 - 27.

策，从而推动成功的政策以更快速度向其他地区扩散。① 决策者不仅借鉴模仿其他地区成功的政策，同时也会学习其他地区失败的政策，从中吸取经验教训避免失败。

在决策中，有三个主要的政策行为者：内部行为者、外部行为者和中间人，他们之间的相互作用可能在决定一项政策创新和随着时间的推移形成政策扩散的过程中发挥关键作用。② 这些政策行为者加上政策目标，政策行为者的个人偏好、能力和他们所处的环境形成理解扩散的核心。政策制定者的目标可以分为两类：一是政治目标，如重新选举、重新任命、维持权力和保持合法性；二是政策目标，如采取有利的政策、吸引大量的税收基础来保持良好的营商环境。政策制定者的个人偏好可能是基于个人的观点和经验，可能是由选民、利益集团或其他人的愿望引起的。这种偏好通常会影响政策制定者考虑的政策选择范围，因此偏好会影响政府之间扩散特定政策的可能性。③ 在政策环境下，还有一些政府内部追求创新的行为者会影响政策采纳，例如政策企业家既可能在一个政府内部，也可能在政府外部。④ 总之，一个政策很可能被具有不同意见、偏好、能力和目标的"真实的人"所选择。⑤ 尽管影响当地政策采纳的行为者（作为个体决策者）主要包括选民、政治家、被任命的官员、利益集团和地方一级的管理者，但往往最终由地方官员或决策者作出选择。⑥

在联邦制下，地方政府政策创新的采纳不仅会受到周边地方政府政策的影响，而且这种政策采纳也会通过"联邦政府—地方政府"进行扩散。在官僚层级体系中，自上而下的压力是典型的纵向政策扩散的一个非常重要的影响因素。比如，美国联邦政府为地方政府的政策扩散提供信息和财政刺激，政府高

① VOLDEN C. States as Policy Laboratories：Emulating Success in the Children's Health Insurance Program [J]. American Journal of Political Science，2006，50 (2)：294 - 312.

② EOM T H，BAE H，KIM S. Moving Beyond the Influence of Neighbors on Policy Diffusion：Local Influences on Decisions to Conduct Property Tax Reassessment in New York [J]. The American Review of Public Administration，2017，47 (5)：599 - 614.

③ GRAHAM C，SHIPAN C，VOLDEN C. The diffusion of policy diffusion research in political science [J]. British Journal of Political Science，2013，43 (3)，673 - 701.

④ MICHAEL M. Policy entrepreneurs and the diffusion of innovation [J]. American Journal of Political Science，1997，41 (3)：738 - 770.

⑤ STEVEN J B. Interstate Professional Associations and the Diffusion of Policy Innovations [J]. American Politics Research，2001，29 (3)：221 - 245.

⑥ DOUGLAS J W，RAUDLA R，HARTLEY R E. Shifting Constellations of Actors and Their Influence on Policy Diffusion：A Study of the Diffusion of Drug Courts [J]. Policy Studies Journal，2015，43 (4)：484 - 511.

层领导人会通过提供信息，甚至是强制来影响政策扩散。[①] 联邦政府不仅通过为示范项目提供资金来影响政策在地方层面的扩散，还通过支持具体的公共政策、让地方政府采纳这些政策来促进其扩散，形成"联邦—州"自上而下的政策扩散。

同时，联邦政府鼓励各州进行政策实验，并且希望他们成为其他州和联邦政府的模仿对象。把政策分散到地方政府的优点是可以同时考虑试验几个不同的政策。联邦政府期望各州的政策试验不仅要符合各州的预期，而且还要为其他州和联邦计划提供政策模型，对各州政策经验的了解与政策吸纳成为联邦政府做决策的基础，将州的政策吸纳进联邦政府政策形成"州—联邦"自下而上的政策扩散。[②]

此外，位置相邻会带来各州相互间的竞争和学习，在内部动力和外部压力下，政策会沿着相邻地区扩散。因地理位置相邻带来的政策扩散长期以来一直是公共政策扩散研究的一个重要主题。政策扩散不仅受到地理位置、人口统计或经济相似性的驱动，还受到政策成功的推动。成功扩散的政策为决策者进行政策搜索提供了快捷方式，使政策学习成为可能。政策扩散还与决策官员的政策学习、模仿相关。因为官员认为他们所在的地区与已经颁布该政策的地区有着相似的特征，借鉴这些地区现有的成功政策，在其管辖范围内就能成功复制该政策。所以，官员个人特征也会影响政策的扩散。[③]

在西方，除了一般学习、模仿和竞争外，包括政党竞争、政策议程、现代媒体等都会对政策扩散产生很大的影响。虽然中国是单一制国家，但改革开放以来，地方分权使得中国具有联邦主义的某些特征，从而表现为所谓的"中国特色的联邦主义"[④]和"地区分权威权主义"[⑤]，地方政府间竞争会推动政策从一个地区向其他地区扩散。除了地区间竞争带来政策横向扩散外，纵向政治结构带来的自上而下和自下而上政策扩散也是我国政策扩散的重要路径。纵向上，自上而下的扩散模式以及自下而上的吸纳辐射扩散模式成为中国政策扩散

① WELCH S，THOMPSON K. The Impact of Federal Incentives on State Policy Innovation [J]. American Journal of Political Science，1980，24（4）：715-729.

② MOSSBERGER K. State-Federal Diffusion and Policy Learning：From Enterprise Zones to Empowerment Zones [J]. Publius，1999，29（3）：31-50.

③ 吴建南，张攀，刘张立."效能建设"十年扩散：面向中国省份的事件史分析 [J]. 中国行政管理，2014（1）：76-82.

④ MONTINOLA G，QIAN Y Y，WEINGAST B. Federalism，Chinese Style：The Political Basis for Economic Success in China [J]. World Politics，1995，48（1）：50-81.

⑤ XU C G. The fundamental institutions of China's reforms and development [J]. Journal of Economic Literature，2011，49（4）：1076-1151.

的主要模式。① 中央以多种方式包括试点推广、激励性措施、强制性推广以及不同政府之间的交流促进政策创新扩散。②

在纵向政策扩散中，无论在美国还是在中国，地方政策试验都被赋予很高的价值。在美国联邦制下，地方政府往往扮演了民主实验室的角色，地方政府的政策试验不仅可以避免由于政策大规模推行而产生的大规模风险，而且还会形成政策成功的溢出效应。正因为此，联邦制教科书指出，"许多政府计划最初是在州或地方层面采用的"。③ 把政策选择分散到地方政府的优点是可以同时比较几个不同的政策，相比之下，中央政府一次只能试用一个政策。地方政策试验可以为联邦政府发现更优越的新政策选项提供机会，这个观点在美国地方分权中发挥了关键作用。

在中国，地方政策试验得到广泛运用，被誉为是中国特色的政策过程，甚至被认为是中国改革的方法论，是中国经济崛起的关键。④ 这种政策试验既可能是由地方自主试验带来政策创新，得到上级政府认可或政策吸纳，最终由中央政府通过指令等实现政策扩散；也可能是直接由中央政府指定某一地区进行政策试点，由地方进行政策探索，对其有价值政策进行政策吸纳；还有可能是中央政府指定某一区域进行政策风险测试，再根据测试情况决定是否在全国进行推广。这些政策扩散表现为"地方试点—政策吸纳—全面推广"和"局部地区试点—全面推行"自上而下的公共政策扩散。⑤

对于中国农村改革而言，其表现为农村问题非常复杂，许多创新来自民间创造。以村民自治为代表的基层民主创新成为农村改革最闪亮的风景线，地方创新实践推动中国农村改革，并得以成功扩散到全国，成为中国农村民主基本制度安排。⑥ 虽然彭真等党的最高领导的热心推动是农村基层民主发展的重要因素，但中国农村改革的成功与地方创新实践以及政策的扩散密切相关，如发端于广西宜州的村民自治、宁海小微权力 36 条、象山说事、天长市"积分＋清单"防治"小微腐败"、固原市"小积分"等。

---

① 王浦劬，赖先进. 中国公共政策扩散的模式与机制分析 [J]. 北京大学学报，2013 (6)：14 - 23.

② 杨宏山，李娉. 中美公共政策扩散路径的比较分析 [J]. 学海，2018 (5)：82 - 88.

③ NICE D C. Federalism：The Politics of Intergovernmental Relations [M]. New York：Saint Martin's Press, 1987：14.

④ HEILMANN S. Policy Experimentation in China's Economic Rise [J]. Studies in Comparative International Development，2008，43 (1)：1 - 26.

⑤ 王浦劬，赖先进. 中国公共政策扩散的模式与机制分析 [J]. 北京大学学报，2013，50 (6)：14 - 23.

⑥ KELLIHER D. The Chinese Debate Over Village Self - Government [J]. The China Journal，1997 (37)：63 - 86.

虽然地方试验是中国政府决策过程的重要组成部分，但在"摸着石头过河"的同时，也要"加强顶层设计"。党的十八大以来，在以习近平同志为核心的党中央坚强领导下，国家对农业农村改革进行全面部署和规划，农业农村部在全国许多地方进行乡村治理试点，进行健全党组织领导的自治、法治、德治相结合的乡村治理体系、创新乡村治理方式、丰富村民议事协商形式等许多方面的探索。乡村治理改革创新不断涌现，为新时代基层治理改革提供了丰富的学习素材，如山东省寿光市东斟灌乡村治理模式、浙江省江山市村级事务准入制、湖南省娄底市新化县村级事务管理积分制、广东省惠州市"一村一法律顾问"、广东省佛山市南海区织密三级党建网格、天津市北辰区全域网格"五步诀"打造乡村治理新格局等。这些治理创新的政策或制度如何通过学习、模仿、竞争等方式被其他地方所采纳应用，形成创新扩散？其动力机制是什么？影响因素有哪些？新时代，如何贯彻习近平新时代中国特色社会主义思想，实施创新扩散路径优化？作为基本研究目标，本研究通过对农村治理创新成果扩散进行评估，分析当前乡村治理政策主体、动力，乡村治理政策创新扩散的发展变迁、扩散的机制与路径、扩散影响因素与问题，最后提出政策扩散的路径优化。

本研究的学术意义：

有助于推动公共政策创新扩散的学术研究。一般认为，1969 年沃克的《创新的扩散》研究文章是一个标志，该文章开辟了政治学领域中政策创新、政策扩散的研究先河。[①] 此后，关于政策创新扩散的研究延伸到了其他方向上，例如创新扩散动力、机制等。在创新扩散机制方面，从横向来看，一是学习、模仿。沃克认为，政策可以轻松地在地理位置相近的地区扩散，并形成领导者、区域领导者和追随者。[②] 但格雷批评沃克创新扩散限于地理模式，他认为领导人的沟通和互动模式最重要。[③] 而随后贝瑞夫妇的全国互动、区域扩散、领导跟进及垂直影响四个模型为后续的创新扩散研究提供了分析框架。[④] 二是竞争。地方会以竞争的形式争取资源，[⑤] 在国际舞台上，为了引进资本力

① SAVAGE R L. Diffusion Research Traditions and the Spread of Policy Innovations in a Federal System [J]. The Journal of Federalism，1985，15 (4)：1 - 27.

② WALKER J L. The Diffusion of Innovations among the American States [J]. The American Political Science Review，1969，63 (3)：880 - 899.

③ GRAY V. Innovation in the States：A Diffusion Study [J]. The American Political Science Review，1973，67 (4)：1174 - 1185.

④ BERRY F S，BERRY W D. Innovation and Diffusion Models in Policy Research [M] //SABATIER P (ED.). Theories of the policy process. Boulder：Westview Press，1999：169 - 200.

⑤ BERRY W D，BAYBECK B. Using Geographic Information Systems to Study Interstate Competition [J]. American Political Science Review，2005，99 (4)：505 - 519.

量而以优惠税率作为竞争优势的行为也屡见不鲜。① 在纵向机制上，中央政府除强制下级政府进行创新扩散外，还通过拨款等激励政策来实现创新扩散。② 自下而上的地方创新也会在中央层面扩散，如地方的政策试验被中央政府吸纳，或者国家的经验成为国际政策选择的基础。③ 从国外政策创新扩散理论来看，联邦主义理论的一个著名原则是权力下放，让地方政府成为民主实验室是鼓励创新扩散的最佳选择。④ 当地方政府进行改革创新时，积极的成功政策可能会扩散到具有类似改革和问题的其他领域。

当然，中国政府也非常重视地方创新，尤其是通过地方政府政策试点等来进行乡村治理的政策扩散。央地政府间围绕"试点—扩散"进行政策创新扩散在中国乡村治理创新过程中起到了基础性和机制性的作用，甚至可以说是理解中国公共政策过程的密钥。但长期以来对乡村治理政策及其扩散过程的研究还存在一些局限，如基于乡村治理政策过程的扩散的影响因素是什么？政策扩散的逻辑是什么？如何用本土理论解释？从决策过程来看，相关理论包括理性决策模型、有限理性模型、渐进主义模型、规范最适模型、混合扫描模型和政治系统模型等，从政策过程综合理论来看，相关理论包括多源流框架、间断均衡理论以及制度分析和发展框架等，如何用相关理论来分析政策创新扩散？⑤ 近年来，一些分析框架如"试点—扩散"中的分级试验⑥、请示授权⑦、条块影响⑧、省级政府中介传导⑨等，都进一步拓展了政策扩散研究。在政策扩散影响因素上，横向、纵向政府间的关系是影响政策扩散的重要因素，但诸如地区问题导向、政策属性、中央和省级政府在政策扩散中的作用机理等是如何影响政策扩散的？本研究基于农村改革的大背景，试图厘清乡村振兴过程中乡村治理政策的扩散机制和路径、影响因素与问题，进而厘清中国乡村政策创新扩散的逻辑思路。这对于进一步

① SIMMONS B A, ELKINS Z. The Globalization of Liberalization: Policy Diffusion in the International Political Economy [J]. American Political Science Review, 2004, 98 (1): 171-189.

② SHIPAN C R, VOLDEN C. Bottom-up Federalism: The Diffusion of Antismoking Policies from U. S. Cities to States [J]. American Journal of Political Science, 2006, 50 (4): 825-843.

③ BOECKELMAN K. The Influence of States On Federal Policy Adoptions [J]. Policy Studies Journal, 2010, 20 (3): 365-375.

④ KEN K, MILLER J H, PAGE S E. Decentralization and the Search for Policy Solutions [J]. Journal of Law, Economics & Organization, 2000, 16 (1): 102-128.

⑤ 李文钊. 政策过程的决策途径：理论基础、演进过程与未来展望 [J]. 甘肃行政学院学报, 2017 (6): 46-67, 126-127.

⑥ 韩博天, 石磊. 中国经济腾飞中的分级制政策试验 [J]. 开放时代, 2008 (5): 31-51.

⑦ 郁建兴, 黄飚. 当代中国地方政府创新的新进展 [J]. 政治学研究, 2017 (5): 88-103.

⑧ 陈思丞. 政府条块差异与纵向创新扩散 [J]. 社会学研究, 2020, 35 (2): 146-169.

⑨ 朱旭峰, 赵慧. 政府间关系视角下的社会政策扩散：以城市低保制度为例 (1993—1999) [J]. 中国社会科学, 2016 (8): 95-116, 206.

丰富政策创新扩散研究，建构基于本土话语的政策扩散理论具有重要意义。

本研究的应用价值：

有助于推动乡村治理创新实践在全国的扩散。从美国等联邦制国家政策扩散发端来看，虽然政策扩散最开始是一种横向现象，但联邦政府与州之间的纵向关系在政策扩散中也起了重要的作用[①]。从国家制度看，中国是一个单一制国家，纵向政府间关系在扩散政策创新中发挥着更重要的作用。在具有中国特色的政策过程中，以试验项目和实验领域为主题的政策试验，已成为最典型和普遍的扩散形式[②]。地方政府创新是中央政策更新的补充，更是为中央政策的制定提供了方向[③]。还有学者认为，它是中央政府试点"推动力"与地方"竞争力"糅合的结果[④]。尽管地方试验一直被视为扩散中国政策创新的独特政策过程，但政策目标仍由中央政府控制[⑤]。中央政府在政策创新扩散中发挥着干预作用：前期以行政指令的形式，后期以政治及经济激励的形式[⑥]。国家政策中纳入基层建议和地方经验不仅是政策过程，也是中国经验，还是推进乡村治理创新扩散的重要途径。

在中国乡村治理政策创新扩散中，中央—省—市三级政府以及主要领导人在创新扩散过程中都扮演着重要角色，其不同态度直接影响政策创新扩散的结果。同时，为了避免政策偏差和进行政策压力测试，中国在农村改革中普遍采用政策试验。农村问题复杂，面对千差万别的条件和情形，改革既不能大刀阔斧地进行制度变革，也不能冒险进行全面的改革，改革可从地方小规模试验的成功中获得额外政策变迁的动力。试验起着"压力测试"和"吸取教训"的作用，因为不同地区正在进行的多重政策试验就是实际意义上的竞争，新的解决方案可以自动出现，并且可以通过试对和试错来推动政策行为者对其学习和采用[⑦]。总之，改革过程中面临新的挑战，地方政府面对新问题会试验新的解决方案，通过这种试验的过程，连续的政策试验和再

① ANDREW K. Emerging Issues and Future Directions in State Policy Diffusion Research [J]. State Politics & Policy Quarterly，2007，7（1）：54 - 80.

②④ 周望. 政策扩散理论与中国"政策试验"研究：启示与调适 [J]. 四川行政学院学报，2012（4）：43 - 46.

③ 王绍光. 学习机制与适应能力：中国农村合作医疗体制变迁的启示 [J]. 中国社会科学，2008（6）：111 - 133.

⑤ HEILMANN S. From Local Experiments to National Policy：The Origins of China's Distinctive Policy Process [J]. The China Journal，2008，59：1 - 30.

⑥ 朱多刚，胡振吉. 中央政府推进政策扩散的方式研究：以廉租房政策为例 [J]. 东北大学学报（社会科学版），2017，19（4）：378 - 384.

⑦ XU C G. The Fundamental Institutions of China's Reforms and Development [J]. Journal of Economic Literature，2011，49（4）：1076 - 1151.

生产会导致制度变迁。① 当然，对地方政策试验，中央政府掌握最终决策权，并决定是否将试验的成果作为全国性政策，来推动政策创新在全国的扩散。如农业农村部在 2019 年 6 月发布了 20 个全国乡村治理典型案例，2020 年 11 月发布第二批全国乡村治理典型案例，并要求各地学习借鉴典型经验做法。此外，农业农村部还在乡村治理等方面进行试点探索。2019 年 12 月，在中央农村工作领导小组和农业农村部牵头下，和中央组织部、中央宣传部、民政部、司法部等部门一起，在全国 115 个县（市、区）开展乡村治理体系建设试点工作，为走中国特色社会主义乡村治理之路创造新模式、探索新路子。相关负责人提出要研究和总结试点典型案例，对成熟的做法进行推介。正是各地的创新，推动了我国乡村治理经验出现，如"民情茶室"等村民协商议事形式、乡村治理积分制、基层公权力"三清单"等，这些经验还开始在其他地方被运用。2021 年中央 1 号文件明确提出，"推广乡村治理创新性典型案例经验"，包括中央农办、全国妇联等也纷纷提出在乡村治理中推广运用积分制。2022年中央 1 号文件提出，"深化乡村治理体系建设试点示范""开展村级议事协商创新实验"。总之，乡村治理创新扩散研究有助于明确农村改革试点价值，有助于贯彻习近平总书记强调改革必须坚持正确的方法论，即要把"摸着石头过河"与"加强顶层设计"结合起来。

1.2　文献综述

近年来，我国政策创新扩散吸引海内外学术界关注的目光，相关研究主要从以下几个方面展开。

1.2.1　创新扩散的动因模式

在创新扩散的动因模式上，主要有几种观点：一是学习论。经济社会的发展、政治的进步、民众的需求和全球化的推进以及地方政府官员的"自觉意志"构成了地方政府创新扩散的根本动力。② 地方政府创新成为中央政策学习来源，为中央政策的制定提供了选择方案。中国体制造就了各地方有超乎寻常的学习能力和适应能力，中央有意利用各种地方试验来推动改革进程。③ 二是

---

① MEI C Q，LIU Z L. Experiment - Based Policy Making or Conscious Policy Design？ The Case of Urban Housing Reform in China [J]．Policy Sciences，2014，47（3）：321 - 337.

② 俞可平．改革开放 30 年政府创新的若干经验教训 [J]．国家行政学院学报，2008（3）：19 - 21.

③ 王绍光．学习机制与适应能力：中国农村合作医疗体制变迁的启示 [J]．中国社会科学，2008（6）：111 - 133.

竞争论。竞争论认为政策创新扩散源自中国特色的联邦主义地区锦标赛竞争①。中央政府在各地区之间引入了竞争机制，将地区经济发展与官员晋升连接在一起，不同地区间锦标赛式的竞争为地方官员政策创新扩散提供动力；②在内外推动力中，涵盖了中央政策制定的需要、城市化经济发展的需要和竞争政策的更新。③ 同时也呈现出强制和竞争交替的特点。④ 地方政府政策扩散受到外部性的影响，强制与竞争相辅相成。层级越低，政府资源与能力的作用越突出，社会化创造的共同价值带来更大的激励。⑤ 推动政府供给的正向因素包括群众需求以及社会共同价值理念，外部因素例如上级部门和地方经济实力等在政府政策扩散中占重要地位。⑥ 此外，在"晋升锦标赛"的推动下，自上而下的政策扩散过程存在政府间层层加码的现象。⑦ 与学者们提出的"可能会得到什么"的刺激驱动不同，韩啸等从"可能会失去什么"的风险约束角度，分析政府采纳政策的"不出事"逻辑。⑧ 三是探索论。这一论断将政策创新扩散视为推进中国改革的手段和策略选择，因为中国改革始终存在意识形态左右之争，而通过试验的政策创新是为了扩大改革的政治基础、避免陷入意识形态左右之争和杜绝派系斗争而做出的次优选择。⑨ 在改革开放的背景下，中国为了适应内外部环境变化，各地方政府进行了政策创新来推动经济发展，"以点带面"的方式被认为是改革开放下为适应变化的基石。⑩ 它被认为是中国改革开放成功的重要节点，为世界提供制度经验。⑪ 还有人认为在政治组织一体化的

① MONTINOLA G，QIAN Y Y，WEINGAST B. Federalism, Chinese Style：The Political Basis for Economic Success in China ［J］. World Politics, 1995, 48 (1)：50 - 81.

② 周黎安. 中国地方官员的晋升锦标赛模式研究 ［J］. 经济研究, 2007 (7)：36 - 50.

③ 杨海东, 季朝新. 新型城镇化建设背景下运动休闲特色小镇政策扩散分析 ［J］. 体育文化导刊, 2019 (12)：31 - 36.

④ 王丛虎, 马文娟. 公共资源交易政策扩散的行动策略研究 ［J］. 治理研究, 2020, 36 (2)：100 - 109.

⑤ 李健. 公益创投政策扩散的制度逻辑与行动策略：基于我国地方政府政策文本的分析 ［J］. 南京社会科学, 2017 (2)：91 - 97.

⑥ 刘春华. 我国地方政府购买公共体育服务政策扩散路径与行动策略 ［J］. 沈阳体育学院学报, 2019, 38 (3)：63 - 68, 93.

⑦ 乔坤元. 我国官员晋升锦标赛机制的再考察：来自省、市两级政府的证据 ［J］. 财经研究, 2013 (4)：123 - 133.

⑧ 韩啸, 魏程瑞. 风险如何影响政策扩散？——以环境信息公开为例 ［J］. 公共管理与政策评论, 2021, 10 (5)：95 - 104.

⑨ THYE W W. The Real Reasons for China's Growth ［J］. The China Journal, 1999, 41 (1)：115 - 137.

⑩ HEILMANN S. From Local Experiments to National Policy：The Origins of China's Distinctive Policy Process ［J］. The China Journal, 2008, 59 (1)：1 - 30.

⑪ SCHOUT A，NORTH D C. Institutional Change and Economic Performance ［J］. Economic Journal，1990, 101 (409)：1587.

前提下，通过各个层级的地方政府创新所支持的区域发展，中国社会获得了区域发展，而整体性扩散结构的生成使得国家能持续吸纳地方政府在制度创新方面的"先行先试"的经验，最终转换成国家制度发展的内容，从而有效回应地方创新的绩效，让其他地方政府有学习的激励和动力。①

1.2.2　创新扩散的政策过程

政策过程一直是分析我国政策创新扩散的重要理论视角，包括制度分析、多源流理论、间断平衡理论和政治系统主体互动理论等。在有关中国政策创新分析中，海外碎片化威权主义、官僚组织决策模式等西方理论的解释时常与现实背离。② 韩博天强调要从分级制试验这种方式来理解中国政策过程，它是中央地方分级制互动机制。③ 陈思丞研究发现，政策扩散在运作机制、持续条件与政策效果等方面存在条条部门和块块部门差异，上级条条部门主导的纵向创新扩散模式主要以项目制实现，其影响主要在项目期内有效且效果较弱，但是这一弱影响往往为政策创新提供了空间；上级块块部门主导的纵向创新扩散模式可以通过人事任免等多种机制对下级施加影响，其影响常规有效且效果较强，但是这一强影响往往会抑制基层的政策创新。④

在政策过程中，"试点—扩散"是最主要的分析框架和政策过程。杨宏山用双轨制来解释中国地方政策试验。中央决策者首先允许在一些地区进行试验，并在试验区和一般地区建立"双轨制"。试验区与普通区之间在绩效方面产生竞争。自下而上地完成经验积累后再从上而下进行推广扩散⑤。庞明礼、于珂认为地方政府政策创新扩散是一个多元主体与多重因素交叉影响的复杂过程。虽然地方政府借助"先行先试"创造政策绩效获得了一定程度的自主权，但在政策执行过程中又会受到上级权威和外部环境两方面的影响，"先行先试"在压力型体制下，地方政府会通过"锦上添花""造点"等方式来进行试验或推广政策，呈现出"不求有功、但求无过"的次优绩效行动逻辑。⑥ 陈宇、孙

①　韩福国. 从单点式、区域化到整体性的政府创新何以可能?：基于整体性扩散结构的分析 [J]. 探索，2020（1）：66-79.

②　赵静，陈玲，薛澜. 地方政府的角色原理、利益选择和行为差异：一项基于政策过程研究的地方政府理论 [J]. 管理世界，2013（2）：90-106.

③　韩博天. 通过试验制定政策：中国独具特色的经验 [J]. 当代中国史研究，2010，17（3）：103-112，128.

④　陈思丞. 政府条块差异与纵向创新扩散 [J]. 社会学研究，2020，35（2）：146-169，244-245.

⑤　杨宏山. 双轨制政策试验：政策创新的中国经验 [J]. 中国行政管理，2013（6）：12-15.

⑥　庞明礼，于珂. "先行先试"的次优绩效及其扩散机制：以 W 市生活垃圾分类政策为例 [J]. 地方治理研究，2020（1）：2-12，78.

枭坤采用案例研究法，将低碳城市的试点政策视为研究对象，通过四种应用机制来总结试点政策的应用：一是在执行过程中进行规划，换言之，它以规划推动执行方案的规划机制在执行中进行规划；二是以双轨并驱作为执行制度的保障；三是为保证政策落实而进行多重嵌套的试点示范；四是模糊清晰并存的策略选择机制。[①] 王厚芹等利用"政府结构—政策过程"二维框架，揭示出中国政府创新扩散过程中不同央地互动模式下的异质性影响，得到了基于政策试验的中国政府创新扩散过程中的四种政策变迁模式：顶层设计下的试点创新、适应性调整、中央授权下的参与式创新、因地式探索。[②] 在中国特色央地关系下，学者从"供给端"政策推广程度和"需求端"政策学习意愿两个维度，将政府间横向政策扩散划分为相互依赖型、单向依赖Ⅰ型、单向依赖Ⅱ型、相互独立型四种类型。[③]

还有学者把中央政府和成果学习方加入"试点—推广"框架中来分析扩散发生的政策过程，如强推动—强学习：辐射式全面推广；强推动—弱学习：应付式局部推广；弱推动—强学习：扩展式局部推广等。[④] 但以"试点—推广"为基本特征的政策扩散过程与西方理论所说的水平扩散、垂直扩散明显不同，这种扩散呈现为一个在多层级间互动的立体化网络。[⑤] 此外，领导挂点也成为"试点—推广"的重要样式。张海清、廖幸谬用"调适型动员模式"来分析地方政策学习和政策扩散，各级领导干部层层推进的挂点调研，不仅有效地发挥了集体动员的作用，而且使相关政策得以在调适中不断被推广与学习，从而推动了政策扩散。[⑥]

1.2.3 政策扩散路径研究

在扩散路径上，杨宏山等总结美国政策扩散包括政府间的水平扩散、自下而上的垂直扩散、自上而下的垂直扩散和选举周期的扩散效应四种路径。[⑦] 杨

① 陈宇，孙枭坤.政策模糊视阈下试点政策执行机制研究：基于低碳城市试点政策的案例分析 [J].求实，2020（2）：46-64，110-111.

② 王厚芹，何精华.中国政府创新扩散过程中的政策变迁模式：央地互动视角下上海自贸区的政策试验研究 [J].公共管理学报，2021，18（3）：1-11.

③ 鲍伟慧.政府间横向政策扩散类型研究 [J].地方治理研究，2022（4）：2-13，77.

④ 周望.如何"由点到面"？："试点—推广"的发生机制与过程模式 [J].中国行政管理，2016（10）：111-115.

⑤ 周望.政策扩散理论与中国"政策试验"研究：启示与调适 [J].四川行政学院学报，2012（4）：43-46.

⑥ 张海清，廖幸谬.领导挂点调研与政策扩散：中国改革过程的风险调控 [J].中国行政管理，2020（11）：92-98.

⑦ 杨宏山，李娉.中美公共政策扩散路径的比较分析 [J].学海，2018（5）：82-88.

志、魏姝依据政策扩散路径的府际运行向度和地方政府的行为逻辑，将中国地方政府政策创新的扩散路径划分为象征采纳、理性学习、上层吸纳和压力辐射四种路径。不同政策扩散路径影响政策的创新扩散，从时间持续性和空间扩散性两个维度上呈现明显差异。在象征采纳路径中，政策创新通常仅在短时间内具有微弱的空间扩散性；在理性学习路径中，政策创新表现出较强的时间持续性；在上层吸纳路径和压力辐射路径合力形成的"吸纳—辐射"模式中，政策创新的时间持续性和空间扩散性相互催化、螺旋增进，整体上呈现出强持续性。① 王洪涛、魏淑艳提出地方政府信息公开系统的推广具有重要意义，并随着流通时间的推移而发展起来；区域的扩散和近距离效应是重要的，表现为纵向影响和等级影响。② 周文辉、贺随波在对博士生招生"申请—考核"制进行研究时，发现其遵循自下而上的吸纳推广路径。③ 王丛虎、马文娟指出，公共资源交易前后期扩散方式不一，前期以自下而上的方式而后期以"锦标赛"方式。④ 陈新明、萧鸣政和史洪阳认为中国城市间人才新政政策扩散具有纵向传递和横向竞争并行的特征。⑤ 丁刚等将我国碳交易政策的扩散路径分为上级行政指令推动下的"试点扩散"和非试点地区通过府际间学习模仿后自组织的"主动扩散"两种。⑥ 还有学者认为政策创新扩散存在地区差异，东部地区有一定资源，基层政府官员在晋升的驱动下，倾向于主动探索，从而使得政策自下而上在省内扩散；而西部地区在各种现实问题"倒逼"下，更倾向于采取自上而下的省内政策扩散模式。⑦ 总之，我国政策扩散的路径大体相似，表现为纵向间的吸纳辐射和横向间的学习竞争，政府层级间自下而上的政策吸纳与行政指令自上而下的高位推动，其中纵向垂直扩散路径影响较大。⑧

① 杨志，魏姝. 政策扩散视域下的地方政府政策创新持续性研究：一个整合性理论框架［J］. 学海，2019（3）：27 - 33.

② 王洪涛，魏淑艳. 地方政府信息公开制度时空演进机理及启示：基于政策扩散视角［J］. 东北大学学报（社会科学版），2015，17（6）：600 - 605，612.

③ 周文辉，贺随波. 博士生招生"申请—考核"制在我国"双一流"建设高校中扩散的制度分析［J］. 中国高教研究，2019（1）：72 - 78，85.

④ 王丛虎，马文娟. 公共资源交易政策扩散的行动策略研究［J］. 治理研究，2020，36（2）：100 - 109.

⑤ 陈新明，萧鸣政，史洪阳. 地方人才政策创新扩散的动因分析：基于中国城市"人才新政"的实证研究［J］. 企业经济，2020，39（6）：128 - 134.

⑥ 丁刚，黄冰湟，陈新艺. 中国碳交易政策扩散的影响因素、路径差异与减碳效果研究：基于省域数据的实证分析［J］. 西北人口，2022，43（1）：1 - 13.

⑦ 杜倩，仇雨临. 基层政府创新及扩散研究：以整合城乡居民基本医疗保险为例［J］. 中国卫生政策研究，2020，13（12）：1 - 7.

⑧ 王洛忠，庞锐. 中国公共政策时空演进机理及扩散路径：以河长制的落地与变迁为例［J］. 中国行政管理，2018（5）：63 - 69.

在政策扩散时空形态上，呈现区域演进和S形曲线。王洛忠等认为河长制的扩散，随着时间的推移，分布曲线呈近似S形；在空间的影响上，层级监测和邻近分布是重要的；在路径上，垂直吸收辐射和横向学习竞争两个方向是并行的，而纵向影响更为明显，具体表现在自下而上扩散中的政策吸纳以及在自上而下的行政指令呈现的高位移动。[1] 刘伟认为强权型扩散在时间分布上呈现较迅速地由点到面的扩散路径，学习型扩散时间分布上呈现S形，道义型扩散空间分布呈无序状态。[2] 郑石明、李佳琪和李良成对中国创新创业政策进行深入研究发现，政策扩散路径在中央与地方之间表现为：先在地方进行试点，中央认可后再全面推广，"先行试点"的地方以"多同心圆"的形式辐射扩散带动周边地区，扩散整体符合政策扩散S形曲线。[3] 姜影、王茜基于PPP模式从时间、空间和方向三个维度对1995—2018年的323项政策文件进行分析发现，我国PPP目前处于S形曲线的快速扩散期，从扩散空间角度上分析，表现出地区联动扩散的辐射效应；从扩散的方向上分析，不仅有由高到低的垂直扩散，也有平行扩散。[4] 吴宾、杨彩宁和唐薇认为从空间维度上来看"人才新政"，它具有主动水平扩散的特点，从时间维度上看，它呈指数级扩散。[5] 张玮以国内居住证制度为政策文本进行分析，强调国内政策与西方不同，国内由政府主张，缓慢蓄力发展创新，由点到面，扩散曲线呈陡峭的S形。[6] 贾义猛等提出行政审批局模式的扩散累积数量变化在时间上符合S形曲线，该模式的扩散在空间上呈现出"近邻效应"与"近攻效应"并存的特点。[7] 封闭式管理政策在扩散时间上符合S形曲线规律，呈现出缓慢扩散、迅速扩散至缓慢扩散的特征；在扩散的空间上受到毗邻效应、涟漪效应、等级效应和交通效应的影响；在扩散路径上表现为四种模式：自上而下的层级扩散模式、自下而上的吸纳辐射扩散模式、同一层级的区域间扩散模式

---

① 王洛忠，庞锐. 中国公共政策时空演进机理及扩散路径：以河长制的落地与变迁为例 [J]. 中国行政管理，2018（5）：63 - 69.

② 刘伟. 国际公共政策的扩散机制与路径研究 [J]. 世界经济与政治，2012（4）：40 - 58，156 - 157.

③ 郑石明，李佳琪，李良成. 中国创新创业政策变迁与扩散研究 [J]. 中国科技论坛，2019（9）：16 - 24.

④ 姜影，王茜. 政策扩散视角下我国PPPs政策创新的扩散 [J]. 科技管理研究，2020，40（1）：13 - 19.

⑤ 吴宾，杨彩宁，唐薇. "人才新政"的政策创新扩散及风险识别 [J]. 兰州学刊，2020（6）：131 - 141.

⑥ 张玮. 居住证制度在国内的扩散路径与机制分析 [J]. 信阳师范学院学报，2018，38（6）：15 - 20.

⑦ 贾义猛，张郁. 模式的扩散与扩散的模式：行政审批局创新扩散研究 [J]. 求实，2022（2）：24 - 36，110.

和不同发展水平区域间政策跟进扩散模式。① 还有学者在分析政策案例扩散曲线类型时提出 R 型和反 R 型。②

1.2.4 政策扩散机制

实际上，对于政策扩散中央不仅采取从上而下的推动方式，还采取主动吸纳地方创新的方式，具体表现在政策扩散的四种机制：学习、竞争、模仿以及行政指令。在国际政策扩散中，以上机制都有所体现。③ 基于府际学习的角度出发，王绍光根据学习的推动者（决策者或政策倡导者）和学习源（实践或实验）两个向度，分析出四种学习模式，不同学习模式对应着相应的创新过程。④ 林雪菲认为，政策学习在政府间的政策扩散中起着非常重要的作用，政策扩散的过程，其实就是地方政府进行组织学习与政策"再生产"的过程。学习选择与政策再生产偏离受到三种具体机制的影响，即问题研判机制、不确定性规避机制与资源动员机制，三种机制共同作用于整个组织学习过程，并影响政策扩散。⑤ 杨宏山、李娉根据中央政府的介入程度、地方政府的学习能力两个维度，将政策创新分为争先、模仿、自主、守成四种类型。⑥ 严荣认为地方政府面临着各种限制，例如期望的不确定性、缩短的决策周期以及对政府间竞争的压力增加。创新扩散具有与经济和社会因素的相关性低，亲和力效应明显以及推动政策创新的较小政治周期效应等特征。扩散是有限的理性学习过程。⑦ 黄文浩区分了创新与发明，识别出政策创新的三种类型：政策价值创新、政策目标创新和政策工具创新，它们依赖于两种实现方式即内部学习型和外部交流型。⑧ 创新扩散的典型化是中国政策扩散重要机制，它由权威部门将政策创新经验塑造为政策典型后宣传推广并在更大范围内试行，包含了提高政策创新的能见度、对比效应、提供政策制定的删减机制、为

① 吴光芸，周芷馨．封闭式管理政策创新扩散的时空特征、路径模式与驱动因素：基于重大公共危机治理的研究［J］．软科学，2022，36（3）：16－23．
② 杨志，魏姝．政策爆发生成机理：影响因素、组合路径及耦合机制：基于25个案例的定性比较分析［J］．公共管理学报，2020，17（2）：14－26，165．
③ 张志原，李论．"一带一路"倡议的扩散分析［J］．国际政治科学，2020，5（1）：130－160．
④ 王绍光．学习机制与适应能力：中国农村合作医疗体制变迁的启示［J］．中国社会科学，2008（6）：111－133，207．
⑤ 林雪霏．政府间组织学习与政策再生产：政策扩散的微观机制：以"城市网格化管理"政策为例［J］．公共管理学报，2015，（1）：11－23．
⑥ 杨宏山，李娉．政策创新争先模式的府际学习机制［J］．公共管理学报，2019，16（2）：1－14，168．
⑦ 严荣．转型背景下政策创新的扩散与有限理性学习［J］．上海行政学院学报，2008（3）：35－43．
⑧ 黄文浩．地方政府政策创新的实现方式与能力建设［J］．行政管理改革，2018（9）：58－62．

政策创新赋予合法性等。① 包海芹等提出基地政策扩散的直接模仿机制、学习效应、强制同形化机制三种机制。② 刘琼等人认为，地方政府在接受购房限制时应首先考虑自己的利益。财政收入和支出缺口越大，房价增长越慢，采取购房限制的可能性就越小。中央政府施加的自上而下的强制性压力和同级城市之间互相争夺的竞争压力将极大地鼓励采用住房购买限制，但是强制性机制是中国住房购买限制扩散的主要机制。③ 刘红波、林彬对人工智能这一国际和国内兼而有之的政策进行研究，指出国家战略政策的扩散有两种扩散机制：国际"软竞争"和地方"弱命令"。④ 刘伟根据政策扩散的原因将政策扩散机制分为：在外部压力下的强制政策扩散，出于道德、象征或法律原因的自愿政策扩散以及基于理性利益分析的自愿政策扩散。⑤ 还有学者发现不同阶段扩散机制不一样：在政策扩散早期，地方政府间的相互竞争是政策创新扩散的主要力量，该阶段内生驱动力最强；在政策扩散中期，政策学习是政策扩散的主导机制，中央强制机制日益凸显；在政策扩散后期，强制机制持续增强，模仿机制代替学习机制成为主导机制。⑥

1.2.5　政策扩散类型研究

王浦劬、赖先进使用公共政策利差分析工具完善了四个模式：自上而下的层次扩散模式、自下而上的政策采用和推广模式、跨地区和部门的扩散模式、政策先进地区向政策跟进地区的扩散模式。⑦ 朱旭峰从中央政府的垂直干预和同行政府之间的横向竞争两个维度，从府际关系角度将中国的公共政策创新和扩散分为四个模型：弱干预和弱竞争的启蒙模型，强竞争和弱干预的锦标赛模型，弱竞争中的强干预指定模型以及强竞争中的强干预识别模型。⑧ 石晋昕等根据政策试验工具的设计者和中央对政策试验的认可度两个变量将公

① 刘兴成. 典型化：中国政策创新扩散的逻辑与机制 [J]. 学习与实践，2022 (6)：35 - 43.
② 包海芹，陈学飞. 国家学科基地政策扩散研究 [J]. 高等教育研究，2011，32 (9)：105.
③ 刘琼，职朋，佴玲莉，等. 住房限购政策扩散：内部诉求还是外部压力 [J]. 中国土地科学，2019，33 (2)：57 - 66.
④ 刘红波，林彬. 人工智能政策扩散的机制与路径研究：一个类型学的分析视角 [J]. 中国行政管理，2019 (4)：38 - 45.
⑤ 刘伟. 国际公共政策的扩散机制与路径研究 [J]. 世界经济与政治，2012 (4)：40 - 58，156 - 157.
⑥ 李燕，苏一丹. 中国地方政府大数据政策扩散机制研究 [J]. 软科学，2022，36 (3)：1 - 8.
⑦ 王浦劬，赖先进. 中国公共政策扩散的模式与机制分析 [J]. 北京大学学报，2013，50 (6)：14 - 23.
⑧ ZHU X F. Inter - regional Diffusion of Policy Innovation in China：A Comparative Case Study [J]. Asian Journal of Political Science，2017，25 (1)：1 - 21.

共政策创新分为四种类型：验收模式、忽略模式、淡化模式和吸纳模式。[①] 还有学者在此基础上，提出双路径府际关系下数字政府创新扩散的"试验—认可—推广"模型，特别是非试验地区"府际学习力"这一横向扩散带来的辐射式全面推广、象征式局部推广、扩展式局部推广和收束式无推广。[②] 杨志、魏姝认为，以政策创新和政策试验经验激励为主要表现的中国地方政府的政策扩散过程，有渐进和突变两种不同的政策扩散模式。[③] 朱光喜等人分析，以中国独特的地方官制为例，发现地方政府在转移过程中有四种政策扩散模式：经验展示型、经验嵌入型、治理复制型和治理再造型。[④] 杨海东、季朝新提出体育休闲城市的政策扩散四个模型：国家互动模型、区域扩散模型、领导者跟进模型和垂直影响模型。[⑤]

1.2.6　政策扩散影响因素

在政策扩散中，内部因素和外部因素是影响政策扩散的最主要变量。马亮对电子政务发展水平的影响因素进行实证研究，发现内部因素如政府资源和能力、公众需求、区域环境特征与电子政务发展显著正相关，区域溢出效应对电子政务也具有显著的正效应，中央压力对省级政府电子政务业务的发展没有重大的积极影响。[⑥] 雷叙川、王娜以城市生活垃圾分类制度为研究起点，发现外部制度因素像省级政府对地级市政策的作用，内部因素像人口数量、经济发展、对上级财政的依赖程度等因素对政策扩散有正向影响作用。[⑦] 同样，王余生基于武汉 G 区商事监管改革也提出五点相似的对政策扩散有显著影响的因素，分别为政治体制、经济水平、文化基因、社会结构和

---

① 石晋昕，杨宏山．政策创新的"试验—认可"分析框架：基于央地关系视角的多案例研究 [J]．中国行政管理，2019 (5)：84-89.

② 邓崧，巴松竹玛，李晓昀．府际关系视域下我国数字政府建设创新扩散路径：基于"试验—认可—推广"模型的多案例研究 [J]．电子政务，2021 (11)：23-33.

③ 杨志，魏姝．政策爆发：非渐进政策扩散模式及其生成逻辑：以特色小镇政策的省际扩散为例 [J]．江苏社会科学，2018 (5)：140-149.

④ 朱光喜，陈景森．地方官员异地调任何以推动政策创新扩散？——基于议程触发与政策决策的比较案例分析 [J]．公共行政评论，2019，12 (4)：124-142，192-193.

⑤ 杨海东，季朝新．新型城镇化建设背景下运动休闲特色小镇政策扩散分析 [J]．体育文化导刊，2019 (12)：31-36.

⑥ 马亮．政府创新扩散视角下的电子政务发展：基于中国省级政府的实证研究 [J]．图书情报工作，2012，56 (7)：117-124.

⑦ 雷叙川，王娜．地方政府间的政策创新扩散：以城市生活垃圾分类制度为例 [J]．地方治理研究，2019 (4)：2-19，77.

自然禀赋。① 李梦瑶、李永军认为棚户区改造政策创新扩散源于政策合法性、央地互动关系等因素。② 张玮以居住证制度为政策文本，指出中央举措、上级干预以及同级学习竞争是影响扩散的关键因素。③ 张洋运用事件史分析法（EHA）探讨了社会政策创新扩散的影响因素：在城市内部因素方面，受制于政府资源与能力和信访压力，而治理需求对解决实际问题的影响不大；在外部制度因素方面，高层政府的行政压力对社会政策创新的扩散有重大影响，而城市竞争的影响则不大；创新在社会政策中的扩散是多种机制混合效应的结果，行政指导和社会结构这两种机制起着主导作用，影响了政策的采纳。④ 科技特派员制度扩散也是内外部因素影响的结果，内部需求因素主要是农民收入，在外部压力因素中，全国扩散的压力能够促进科技特派员制度的采纳。⑤ 韩万渠通过分析内部决定因素、纵向和横向影响因素以及政策企业家对城市采用决策咨询系统的影响，指出公共事务复杂性、智力资源、省级政府垂直推广、相邻城市扩散程度与政策企业家的年龄、学历、任职经历对城市决策咨询制度的采纳产生不同程度的影响，并在东部、中西部地区城市政府间存在显著差异。⑥ 寇晓东、汪红针对西北地区的河长制的发展进行研究，根据时间上的特征发现其面临着"地理因素、地方官员、经济因素、政治因素、政策本身"五个因素的影响。⑦

邹东升、陈思诗认为，扩散政策内容实际上是动态变化的过程，这不仅反映在中央纵向行政指令的强制性变更中，而且还反映在横向竞争和政府之间压力造成的变化中，这种扩散兼具政策模仿和制度创新的双重特征。⑧ 这在最多跑一次、垃圾试点等政策创新改革中得到体现。刘佳、刘俊腾认为，"最多跑

---

① 王余生. 政策扩散视域下的城市区级政府政策创新：基于武汉 G 区商事监管改革实践分析 [J]. 广州大学学报（社会科学版），2017，16（4）：57 - 64.

② 李梦瑶，李永军. 棚户区改造政策的创新与扩散：一项中国省级地方政府的事件史研究 [J]. 兰州学刊，2019（9）：164 - 176.

③ 张玮. 居住证制度在国内的扩散路径与机制分析 [J]. 信阳师范学院学报（哲学社会科学版），2018，38（6）：15 - 20.

④ 张洋. 社会政策创新扩散的机理和动因：以流动人口积分制管理政策为例 [J]. 中国公共政策评论，2017，12（1）：108 - 129.

⑤ 黄安胜，章子豪，朱春奎. 中国科技特派员制度的扩散分析：基于省际扩散的实证 [J]. 软科学，2020，34（11）：14 - 20.

⑥ 韩万渠. 决策咨询制度扩散机制及其区域差异：基于中国城市政府的实证（1983—2016）[J]. 公共管理与政策评论，2019，8（4）：3 - 17.

⑦ 寇晓东，汪红. 政策扩散视角下西北地区河长制的创新影响因素研究 [J]. 中国水利，2020（10）：16 - 18.

⑧ 邹东升，陈思诗. 党的十八大后中国省级政府权力清单制度创新的扩散：基于政策扩散理论的解释 [J]. 西部论坛，2018，28（2）：26 - 34.

一次"改革的扩散不仅源于同级政府之间的学习与竞争效应,还与自下而上的新闻媒体压力密切相关。① 人均 GDP、人口密度、上级压力、社会压力、人力资本、制度建设会显著影响垃圾分类政策试点扩散。需求驱动是影响城市实施垃圾分类的重要因素,上级压力、社会压力与政策试点扩散显著相关,邻近压力不显著。② 罗丹等人认为,同级竞争压力、财政能力、上级强制压力以及问题显著性是生活垃圾分类政策扩散的主要动因,而政府注意力则有可能阻碍政策扩散。③ 李健、张文婷基于全国 31 省数据也得出,政策创新主体、政策创新客体和政策创新环境变量都会影响到省级政府购买服务政策扩散,其中辖区经济发展水平、社会组织数量与全国范围的学习机制是影响省级政府购买服务采纳的重要因素。④ 庞凯认为外部因素如府际竞争、中央压力是放管服政策创新扩散的主要驱动因素。⑤ 魏志荣等也认为外部因素如上级政府的制度压力、邻接省份的竞争、本省(区、市)的企业数量和政府网站绩效影响省级一体化网上政务服务平台建设的创新采纳。⑥

　　近年来,越来越多的研究人员在西方的政策扩散理论基础上,详细观察和描述中国的政策扩散,并将中国特色的府际关系等引入政策扩散的影响因素分析中。朱旭峰、赵慧以"城市低保制度"为例,分析了社会政策创新在各级政府之间的扩散:在采取新的社会政策时,城市政府不仅要响应当地社会需求并考虑到财政资源的限制,而且还要考虑高层政府的行政命令和上下级之间的财政关系,以及同级城市的竞争压力;城市政府的政策创新为上级政府提供了经验学习的机会;中央命令同时向城市政府施加着直接和间接影响,而省级命令发挥着中介传导机制的作用;中央和省级命令对城市政府的政策采纳施加影响的时间滞后效应存在明显差异,这些差异会影响城市政府政策的采用。⑦ 周望认为,政策的水平分布会受到政府层级的垂直关系的影响,政府之间的垂直关

---

① 刘佳,刘俊腾."最多跑一次"改革的扩散机制研究:面向中国 294 个地级市的事件史分析[J].甘肃行政学院学报,2020 (4):26 - 36,125.

② 李欢欢,顾丽梅.垃圾分类政策试点扩散的逻辑分析:基于中国 235 个城市的实证研究 [J].中国行政管理,2020 (8):81 - 87.

③ 罗丹,黎江平,张庆芝.城市生活垃圾分类政策扩散影响因素研究:基于 261 个地级市的事件史分析 [J].资源科学,2022,44 (7):1476 - 1493.

④ 李健,张文婷.政府购买服务政策扩散研究:基于全国 31 省数据的事件史分析 [J].中国软科学,2019 (5):60 - 67.

⑤ 庞凯."放管服"改革政策创新扩散的驱动因素研究 [J].成都大学学报(社会科学版),2021 (6):68 - 79.

⑥ 魏志荣,赵兴华."互联网+政务服务"创新扩散的事件史分析:以省级一体化网上政务服务平台建设为例 [J].湖北社会科学,2021 (1):37 - 46.

⑦ 朱旭峰,赵慧.政府间关系视角下的社会政策扩散:以城市低保制度为例 (1993—1999) [J].中国社会科学,2016 (8):95 - 116,206.

系是影响试验结果扩散过程的根本因素，整个扩散过程的许多方面都会受到政府之间的垂直关系的影响，包括结构约束和动态影响。^① 赵慧认为，政策创新的来源和财政收入状况对地方政府政策创新的影响不同，将产生不同的政策扩散方式。中央政府通过政策命令选择政策试点，并提供财政支持以鼓励地方政府采取政策。中央政府的财政支持为地方政府提供了克服创新障碍的资源，因此，中央政府的财政支持在促进纵向政策的扩散方面发挥着重要作用。^② 陈潭等研究表明，上级压力是影响居住证制度采纳的最重要因素。^③ 李晓月根据"大气十条"分析中央政府的倾斜分权在政策扩散过程中具有显著作用。^④ 刘河庆认为，自上而下的行政压力越大，经济激励措施就越大，在地方一级实施的能力越强，地方政府就越容易采用中央农村政策。从互动的角度来看，中央政府对农村问题的重视程度越高，即便各省份具有不同执行能力，其在政策采用上的差异上也会越小，同时也减少了在采用不同经济激励政策方面的差异。^⑤ 吴光芸等通过中国"证照分离"的案例研究总结出扩散的主要影响因素为上级的压力、行政级别和地级市自身属性。^⑥ 由于央地关系不一样，从而导致中国政策扩散时常呈现出政策爆发式扩散，它是中央政府的压力控制机制和地方政府的社会化采纳机制双重逻辑共同作用的结果。^⑦ 而在分级诊疗政策中，自上而下的府际关系对于政策的采纳影响并不显著。^⑧ 健康码政策扩散中，府际关系因素呈负相关关系。^⑨ 吴光芸等通过中国"证照分离"的案例研

---

① 周望. 政策扩散理论与中国"政策试验"研究：启示与调适 [J]. 四川行政学院学报，2012 (4)：43-46.
② 赵慧. 中国社会政策创新及扩散：以养老保险政策为例 [J]. 国家行政学院学报，2013 (6)：44-48.
③ 陈潭，李义科. 公共政策创新扩散的影响因素：基于31个省级居住证制度的数据分析 [J]. 中南大学学报（社会科学版），2020，26 (5)：107-118.
④ 李晓月. 我国地方政府政策扩散的逻辑：以"大气十条"为例 [J]. 安徽行政学院学报，2018 (3)：23-30.
⑤ 刘河庆. 文件治理中的政策采纳及其影响因素研究：基于国家和省级政府政策文本（2008—2018）数据 [J]. 社会，2020，40 (4)：217-240.
⑥ 吴光芸，万洋. 政策创新的扩散：中国"证照分离"改革的实证分析 [J]. 经济体制改革，2019 (4)：19-27.
⑦ 杨志，魏姝. 政策爆发：非渐进政策扩散模式及其生成逻辑：以特色小镇政策的省际扩散为例 [J]. 江苏社会科学，2018 (5)：140-149.
⑧ 梁海伦，陶磊. 地方政府分级诊疗政策创新扩散研究：基于全国地级市数据的事件史分析 [J]. 中国卫生政策研究，2021，14 (3)：7-12.
⑨ 王法硕，张桓朋. 重大公共危机事件背景下爆发式政策扩散研究：基于健康码省际扩散的事件史分析 [J]. 电子政务，2021 (1)：21-31.

究总结出扩散的主要影响因素为上级的压力、行政级别和地级市自身属性。①

在中国特定府际关系下，央地关系往往会通过激励或约束机制体现出来。激励机制相比风险（属性）维度的区分对于政策创新可能更为关键，尤其是加强激励机制会将高风险转换为低风险，从而促进此类政策创新扩散。② 曹龙虎、段然通过对 H 省 X 市 2 个综合行政执法改革案例的比较研究，将"利益契合度"中的"利益"分解为政治激励、组织利益、社会治理等，借助地方政府与最高政府之间的关系，来分析政府创新的扩散。③ 黄燕芬、张超基于期望效用模型总结出影响政策扩散的三大因素，分别为信息、行动和激励。④ 还有学者根据政策势能和政策激励两个变量将政策分为强势能强激励类政策、强势能弱激励类政策、强激励弱势能类政策、弱势能弱激励类政策四种类型，不同类型政策的扩散速度、扩散路径存在明显的差异。⑤ 在特定央地关系中，由于地方官员晋升激励机制的存在，政策的经济和社会属性通过转换为政治优势促进政策扩散。⑥

此外，中央政府还运用不同的干预手段来推动试点政策扩散。政策前试点阶段，中央政府主要运用政策信号释放和"弱行政指令"；试点阶段则运用全面参与和"强行政指令"；后试点阶段，中央政府在"强行政指令"的基础上，增加政治激励。⑦ 上级政府的政策导向直接左右着下级政府的政策意愿和实际行为。陈宇、闫情倩在对 30 个案例进行无价定性比较分析的基础上指出，中央政府的资金支持、政策试点的重大影响、地方政府的高行政压力和强大的学习动机是试点成功的决定性条件。⑧ 而姚连营通过研究发现，由上级发起的试

---

① 吴光芸，万洋. 政策创新的扩散：中国"证照分离"改革的实证分析 [J]. 经济体制改革，2019（4）：19 - 27.

② 章高荣. 高风险弱激励型政策创新扩散机制研究：以省级政府社会组织双重管理体制改革为例 [J]. 公共管理学报，2017，14（4）：1 - 15，153.

③ 曹龙虎，段然. 地方政府创新扩散过程中的利益契合度问题：基于 H 省 X 市 2 个综合行政执法改革案例的比较分析 [J]. 江苏社会科学，2017（5）：104 - 115.

④ 黄燕芬，张超. 国家治理视角下的政策扩散研究：基于期望效用模型的分析框架 [J]. 教学与研究，2020（3）：13 - 25.

⑤ 魏景容. 政策文本如何影响政策扩散：基于四种类型政策的比较研究 [J]. 东北大学学报（社会科学版），2021，23（1）：87 - 95.

⑥ 李东泉，王瑛，李雪伟. 央地关系视角下的城市规划建设管理政策扩散研究：以历史文化名城保护和城市设计为例 [J]. 城市发展研究，2021，28（3）：77 - 84.

⑦ 冯锋，周霞. 政策试点与社会政策创新扩散机制：以留守儿童社会政策为例 [J]. 北京行政学院学报，2018（4）：77 - 83.

⑧ 陈宇，闫情倩. "中国式"政策试点结果差异的影响因素研究：基于 30 个案例的多值定性比较分析 [J]. 北京社会科学，2019（6）：42 - 52.

点在取得经验以后，有更大的可能性在面上取得扩散。① 石晋昕等通过对"营改增"试点的启动与推广、五省市事业单位人员养老保险制度改革、重庆土地流转新模式探索与沪渝两地房产税征收政策创新和北京市东城区"网格化"管理政策创新进行多案例分析，发现公共政策创新扩散过程主要集中在中央政府与地方政府之间的互动上。是否鼓励政策试验取决于中央政府对政策试验的认可程度，从而推动政策的扩散。②

在中国特殊国情下，政府官员在采纳政策或推动政策扩散过程中有较大的影响力。如吴建南等通过分析"效能建设"十年扩散，提出省委书记学历越高，或任职经历越多，则越有可能推动政府创新③。朱旭峰、张友浪依据其建立的 281 个地级和副省级城市经济社会状况、行政审批中心和地方官员职业生涯数据库，基于离散时间和时间序列两种事件史分析（EHA）模型，发现从1997 年到 2012 年，地方官员政治流动对中国地方政府创新扩散有显著影响，其包括年龄、任期、职位来源及其前任去向 4 个方面的重要效应。④ 张克通过对 2003—2012 年全国 20 个省份数据实证分析，发现除了省域资源禀赋、管理幅度、邻居效应会影响政策扩散外，省长的县级主官经历也在不同程度和方向上影响省直管县改革的政策采纳概率和扩散程度。⑤ 吕宣如、章晓懿则发现"党政一把手"的年龄对政府购买居家养老服务政策扩散采纳的影响呈 U 型相关。⑥ 钟光耀、刘鹏区别了跨地区和跨部门两种不同类型干部交流对政策扩散的影响，跨部门交流干部政策扩散的动力弱，因为他们面临的晋升激励和考核压力要弱于跨地区交流的干部，跨地区交流干部可推动业务层面、专业性政策的扩散，跨部门交流干部大多只能推动非业务层面、管理性政策的扩散。⑦

此外，中国政策企业家既是"政策首次创新的推动者"，也是"政策持续创新的主导者"。其影响政策创新的机制是通过与政策系统中的各政

---

① 姚连营. 政策试点成效的影响因素研究：基于浙江省 417 项试点的实证分析 [J]. 甘肃行政学院学报, 2019 (5)：50 - 60, 126 - 127.

② 石晋昕, 杨宏山. 政策创新的"试验—认可"分析框架：基于央地关系视角的多案例研究 [J]. 中国行政管理, 2019 (5)：84 - 89.

③ 吴建南, 张攀, 刘张立."效能建设"十年扩散：面向中国省份的事件史分析 [J]. 中国行政管理, 2014 (1)：76 - 82.

④ 朱旭峰, 张友浪. 创新与扩散：新型行政审批制度在中国城市的兴起 [J]. 管理世界, 2015 (10)：91 - 105, 116.

⑤ 张克. 政策扩散视角下的省直管县财政改革：基于 20 个省份数据的探索性分析 [J]. 北京行政学院学报, 2017 (1)：17 - 26.

⑥ 吕宣如, 章晓懿. 多重逻辑视角下政府购买居家养老服务政策扩散研究：基于中国省份数据的事件史分析 [J]. 东北大学学报（社会科学版）, 2022, 24 (4)：54 - 63.

⑦ 钟光耀, 刘鹏. 动力—路径框架下的干部交流与政策扩散：基于多案例的比较研究 [J]. 经济社会体制比较, 2022 (4)：122 - 132.

策行为者进行互动，推动政策议程、政策形成、政策采纳、政策实施、政策评估与反馈各个阶段目标的实现。① 岳经纶、惠云和王春晓认为"罗湖模式"的推广离不开政策企业家的推动、政策自身属性和各级政府部门间的协作。② 胡占光认为，除政策属性和政府部门协同配合外，政策企业家的专业素质和创新意识为政策扩散提供了重要动力与保障。③ 朱亚鹏、丁淑娟以中国棚户区改革政策的扩散过程为例，运用政策扩散理论研究了政策特征如何影响政策的扩散，发现发展性社会政策的具体特征会影响政策扩散的速度和程度。④

1.3 研究思路和方法

1.3.1 研究思路

政策扩散一直是公共政策领域重要研究议题，本书拟从国际政策创新扩散源流与发展进行溯源式分析，让人们对政策扩散理论变迁发展脉络有比较全面的了解。同时，对政策创新扩散的模型、政策创新扩散主体和政策创新扩散的动力等进行理论分析和阐释，从而使学界对政策创新扩散模型、主体和动力等有相对比较全面清晰的了解。

从中国乡村治理实践来看，中国乡村治理政策扩散经历了从新中国成立前后到改革开放前后，再到新时期变迁的过程。不同时期，因为经济社会发展情形不一样，以及政府间关系差异等因素，使得政策创新扩散呈现出不同的样式。新中国成立前后，政策试验作为中国革命传统重要经验被广泛用于革命和建设中，成为推动政策扩散的重要机制。在改革开放初期，由于缺乏经验，政府鼓励地方进行试验探索，探索后总结形成经验，在一些地区推广使用。以村民自治为代表的地方创新扩散到许多地方时，随后就像滚雪球一样，并最终推动中央政府认可或完全接受地方创新，从而实现自下而上的扩散；部分地方探索创新，在取得成功后为其他地区所借鉴，并为上级政府政策吸纳，再经过上级政府政策倡导，带来政策快速扩散。进入新时代，中央政府不仅重视地方探

① 陈天祥，李仁杰，王国颖．政策企业家如何影响政策创新：政策过程的视角 [J]．江苏行政学院学报，2018 (4)：111 - 119.

② 岳经纶，惠云，王春晓．"罗湖模式"何以得到青睐?：基于政策创新扩散的视角 [J]．南京社会科学，2019 (3)：57 - 63.

③ 胡占光．"三治结合"何以得到全国性推广? 基于政策创新扩散的视角 [J]．治理研究，2022，38 (1)：66 - 78.

④ 朱亚鹏，丁淑娟．政策属性与中国社会政策创新的扩散研究 [J]．社会学研究，2016，31 (5)：88 - 113，243.

索,而且强调要加强顶层设计。于是,以农业农村部牵头,多个部门合作启动农村改革试验区,将顶层设计和地方试验有机结合起来,从而推动政策扩散。

　　在政策扩散中,人们会研究为什么政策会从一个地方向另外一个地方扩散,或者说政府采纳政策的逻辑是什么。一般认为,政策学习、竞争、模仿和强制是政策创新扩散的主要机制。通过观察学习政策的采纳和政策的影响,决策者可以借鉴其他政府的经验。通过政策学习,政策扩散可能会表现出传染效应,因为一个地方倾向于向邻近地区寻求政策构想,一旦某地区政策出台,邻近地区就会接触到政策理念。由于经济政策中经常出现经济溢出,竞争就可能会产生传染效应。^① 总之,人们会从先前的政策采纳者那里学习,或者是邻近地区之间的经济竞争,或者模仿大城市,以及由政府的强制成为政策扩散的主要机制。^② 在中国的乡村治理中,一方面地方进行探索,实现政策创新,推动近邻地区通过学习、模仿实现横向的政策扩散;另一方面,中央有时会有意识地安排地方进行政策试点来探索创新,同时还会将地方好的经验纳入中央政策体系之中,从而实现自上而下和自下而上的垂直扩散。本研究先从理论上分析几个主要机制,如政策学习、竞争、模仿和强制,再以安吉美丽中国政策扩散、乡村小微权力清单制扩散和农村改革试验区政策扩散等几个案例来分析政策扩散路径。

　　在乡村治理政策扩散中,哪些因素会影响政策的扩散?一般认为,政策扩散与否以及如何扩散主要受内部和外部因素影响。在内部经济因素方面,一个地区经济越发达,它可能越愿意创新,也更愿意采纳创新的政策;内部政治因素方面,如官员的倾向、政治议题、舆论等都会影响政策的扩散;在外部因素方面,最显著的是其他政府行为的影响,这种行为既可能是政策学习和竞争,还有可能是上级政府的强制。此外,政策本身的属性也会影响其扩散,如成本、复杂性、显著性和脆弱性等属性会影响政策的扩散。高度显著性和有限复杂性的政策会引起大量公民对其采用的支持,促进其快速扩散。相反,复杂而昂贵的政策需要专业分析,增加决策成本,从而影响扩散速度。这些研究提升了我们对政策扩散机制的理解。本书拟以2018年农业部梳理汇总的《党的十八大以来农村改革试验区改革试验成果转化清单》中乡村治理试点成果转化为基础,依据罗杰斯提出的影响政策扩散的相对优势、兼容性、复杂性、可观察性和可试验性五个属性,根据全国各试验区的试点内容、试点结果等,来分析

---

　　① SHIPAN C R, VOLDEN C. The Mechanisms of Policy Diffusion [J]. American Journal of Political Science,2008,52 (4):840-857.

　　② MITCHELL J L. Does Policy Diffusion Need Space? Spatializing the Dynamics of Policy Diffusion [J] Policy Studies Journal,2017,46 (3):1-28.

农村改革试点政策扩散或未能扩散的影响因素。

在乡村治理政策扩散中，哪些因素会推动政策的扩散，而哪些因素又会阻碍政策的扩散？实践中乡村治理政策创新扩散又存在哪些问题？本书拟从清远村民自治单元试点改革案例中分析当前政策创新扩散存在的问题。实践中，经费支撑、部门间关系等都会影响甚至是阻碍政策的扩散。2012年清远启动以"三个重心下移"为中心的农村综合改革，得到社会各界广泛关注。一时间，有关"村民自治重心下移"清远经验在全国风头无二，清远经验不仅出现在各大媒体中，而且"我们总结了清远的经验，把它变成了中央的一项政策"。[①]《中共中央办公厅　国务院办公厅印发〈关于以村民小组或自然村为基本单元的村民自治试点方案〉的通知》明确指出，"清远的改革试点通过调整村委会自治规模，培育和发展村落理事会，创新了新形势下农村基层治理组织架构，探索了新形势下农村社会治理的可行路径"。清远的政策试点得到了中央的认可，当该政策经由中央认可向全国试点扩散时，遭遇到包括组织部门、民政部门等部门间的冲突，从而产生法律、组织、体制、财政支持等一系列的障碍。经过几轮探索，现在清远很多的村又回到2012年改革前的状态，终点又回到了起点。本书力图从清远村民自治单元改革案例来分析，政策属性、条条冲突是如何影响政策扩散的。

最后，本书对政策创新扩散路径进行系统分析，在此基础上提出新时代乡村治理政策创新扩散的路径优化。

1.3.2　研究方法

第一，理论研究。查阅国内外学术文献，对相关研究成果及观点进行归纳整理，确定并完善研究的基本框架。

第二，量化研究。统计近年来乡村治理创新案例，通过国家统计年鉴等有关一个地区人口、GDP、上级政府指示、相邻地区采纳数、采用某一政策时间等纵向时间序列和横向截面的数据资料，借用贝瑞夫妇采用的事件史分析法，[②] 对各地区治理创新扩散机制、路径等进行比较分析。采用多阶抽样与分层抽样相结合的方法，围绕创新地区特征、治理创新类型、创新扩散政策属性等进行量化分析，来解释治理创新扩散机制和路径问题。

第三，质性研究。到乡村治理创新地区如浙江安吉、广东佛山南海区、清远市等地考察，结合召开座谈会、个案访谈和参与观察等方式，对创新扩散机

① 龙跃梅.《人民日报》头版刊发文章介绍清远农综改经验 [N]. 南方日报，2015 - 12 - 10.

② BERRY F S, BERRY W D. State Lottery Adoptions as Policy Innovations：An Event History Analysis [J]. American Political Science Review，1990，84 (2)：395 - 415.

制与路径、政策创新未能扩散的影响因素、路径优化等进行专题研究。针对某一特定对象，加以调查分析，形成个案研究，如清远村民自治单元改革等。根据个案研究和访谈材料，分析乡村治理政策扩散机制与路径、影响因素等，为政府相关部门提供政策建议。

1.4　主要研究内容

本书主要包括六章的内容，第一部分是前言，主要包括研究背景与意义、文献综述、研究思路和方法等。

第二部分是政策创新扩散的理论源流与发展，主要从政策创新扩散理论产生、政策创新扩散理论的扩散、政策创新扩散主要模型、政策创新扩散的主体和政策创新扩散的动力等方面进行分析。1969 年的沃克创新扩散研究论文具有里程碑意义，他的原创研究开启了政治科学领域政策创新和政策扩散的研究。从时间序列来看，20 世纪 60 年代仅有少量文章发表，20 世纪 70 年代文章略有增长，20 世纪 80 年代和 90 年代期间出现稳定的增长。在 2000 年后相关研究成果大幅度增加。与 20 世纪 90 年代相比，所有政策扩散子领域研究的论文都翻了一番多，这种发展势态看起来和政策采纳产生的标准 S 形曲线非常像。

在政策扩散模型上，贝瑞夫妇认为，政策扩散中依据跨政府管辖区的不同沟通渠道和影响力，可以将政策扩散分为国家互动模型、区域互动模型、领导—跟进模型以及内部因素模型等几种类型。每个模型都依赖于扩散机制中的一种或多种来证明政府制定公共政策时效仿其他机制的合理性。国家互动模型假设政策因学习而扩散，其他的如区域扩散模型和领导—跟进模型则会与多种扩散机制共存，领导—跟进模型可能和区域扩散模型一样，既有区域竞争的压力，也有政策学习的影响。[①]

在政策创新扩散主体上，一般认为，选民、选举出来的政治家、任命的官僚、利益集团和政策倡导者都是政策扩散中的重要主体。他们可分为三类主要的政策行为者——内部行为者、外部行为者、中间人。

在政策扩散的动力方面，哪些政治行动者或力量在促进政策扩散？这是公共政策领域学者一直关注的问题之一。政策扩散的研究文献表明，采纳新政策是内部和外部压力的产物，即政策创新的动力可能来自政府内部，如政治精英的观点、舆论的变化、社会经济条件，如主政的官员认为他们同已经采纳该政

① BERRY F S，BERRY W D. Innovation and Diffusion Models in Policy Research ［M］//Sabatier P. Theories of the Policy Process. 3rd ed. Boulder，CO：Westview Press，2014：223-260.

策的地区有共同的特征，这是一个简单的政策模仿的过程，即由政治和人口相似性等共同属性驱动；政策创新扩散的动力也可能是外部其他主体的压力和影响等，如政策制定者认为政策创新领导者是该地区的榜样，需要向他学习。政策可能会扩散，因为各类政策的地区间会竞争，如经济发展政策和福利政策。地方官员们感到有压力，要跟上其他地区发生的政策变化，以提升本地区的吸引力和竞争力。

第三部分是乡村治理政策创新扩散的发展变迁。乡村治理政策创新扩散的发展变迁经历了新中国成立初期、改革开放时期与新时期几个主要阶段。在新中国成立初期，政策创新扩散沿用了革命时期的主要经验，如政策试验。它是中国革命传统的重要经验，也是推动政策扩散的重要机制。改革开放初期，面对千头万绪的改革，政府积极鼓励地方探索，如以广西宜州为代表的地区通过农民的自发创新，形成村民自治。当地方创新扩散到许多地方时，它就像滚雪球一样，并最终推动中央政府认可村民自治这一地方创新，从而实现自下而上的扩散。党的十八大以来，全国按照中央指示和要求，积极探索乡村治理创新。如民政部从2012年开始在全国启动了社区治理和服务创新实验区，农业农村部在2011年、2014年分别推开两期农村改革试验区，形成了北京市平谷区"一声哨响，吹出乡村治理良方"、天津市北辰区的"走好全域网格'五步诀'打造乡村治理新格局"等全国乡村治理典型案例，通过政府政策倡导实现政策扩散。

第四部分是乡村治理政策创新扩散的机制与路径。一般认为，政策创新扩散主要有四种扩散机制：学习、竞争、模仿和强制，这主要解释政策为什么会扩散。政策扩散既是内部因素影响的结果，同时也受到外部主体间的互动如竞争、学习等的影响。主体间的互动带来政策扩散差异，体现了政策在时间上、区域上、空间上和路径上的变化，构建了创新是怎样在地理区域间扩散的空间模型，从而呈现出不同的扩散路径。

以安吉为代表的美丽乡村浙江经验被中央政策吸纳，并在其他地方推广，实现创新扩散，从而表现为一种波浪式层级吸纳扩散。从主体上看，主要是邻近地区政府和上下级政府等；从扩散路径上看，以横向地区间扩散或纵向层级吸纳扩散为主；从时空特征上看，时空上会呈现S形曲线，当中央政策倡导时，则出现政策爆发；从机制上看主要有学习、竞争、模仿、强制等。

村级小微权力清单制度扩散在时间上呈现S形，在空间上呈现从东部沿海向内地扩散的样态。从时间上看，2014年宁海全县推开村级小微权力清单三十六条，随后，同处宁波地区的北仑县、象山县、余姚市等纷纷采纳该政策，三十六条得以在宁波地区扩散。到2015年，省内温州平阳等地开始采纳这一政策。在省外，包括四川省雅安市雨城区、安徽省滁州天长市、安徽省铜陵市、河南省濮阳市、山东省威海市、四川省宜宾市长宁县等地也开始采纳小微权力清单制度。2016—2017 年，采纳小微权力清单制度的地区逐步扩展，该制度在全国扩散范围进一步扩大。2018—2020 年，该制度扩散进入加速阶段，更多的地区采纳这一制度。2021—2022 年，采纳这一制度的地区逐步减少，扩散趋于平缓。

从空间区域来看，存在邻近区域间的扩散效应，以先采纳权力清单制度的区域为中心影响邻近区域、向外进行扩散的方式扩散。如浙江影响邻近的安徽，安徽再影响到邻近湖北、湖南、河南、河北等地。如果说政策扩散从时间上看呈 S 形，而从空间区域梯次扩散来看，村级小微权力清单制度存在邻近区域间的扩散效应。它以先采纳小微权力清单制度诞生的区域为中心，影响邻近区域，并由中心向外进行层级扩散。如果说内部因素是影响政府首先或最后采纳某一政策最重要因素的话，外部因素如政府间交流和互动则对政策能否扩散起着至关重要的作用，因为外部因素如学习、竞争或模仿机制会推动政策扩散。从横向来看，一个政策创新出现后，就会产生溢出效应，带来向其他地方扩散；从纵向来看，上级政府特别是中央政府高度重视，会带动地方采纳与遵从，从而带来政策的扩散。

第五部分是政策创新扩散影响因素与问题。一般认为，一个地区内部的某些因素如政治体系、经济条件等会影响到各个地方采纳某个政策。在外部影响因素上，主要包括政策学习、竞争和强制，这种影响可以是垂直的，如从中央到地方或地方到中央，也可以是水平的，如从地方到地方。此外，政策属性也会影响政策扩散，相对优势、兼容性、复杂性、可观察性和可试验性会影响政策扩散的时空、速度等。

党的十八大以来，中央政府通过在农村改革试点地区的农村改革重点领域和重点联系领域进行了探索性实验和制度创新。部分政策仅在试验区域推动，部分政策被省、中央政策所吸纳，形成有效的政策转换和政策扩散。通过对《党的十八大以来农村改革试验区改革试验成果转化清单》的实证分析可知，相对优势、兼容性、可观察性对政策试点效果的影响是正向的，复杂性、可试验性对政策试点效果的影响是反向的。

实践中，政策属性、条条冲突等会影响政策的扩散，使得一些政策虽然得到社会甚至是高层政府认可，但仍然无法扩散。首先，成本如资源依赖会制约试点地区政策创新扩散。所有政策在出台前都需要考虑其成本和收益，复杂而昂贵的创新需要专业评估分析，增加了决策成本和扩散速度。政策采纳中条条冲突带来的高争议性可能会引发政策采纳的政治风险，影响上级政府推动该政策的扩散。如清远自治单元改革首先是由农业部门启动的，它给基层组织管理的组织部门和村民自治管理部门如民政部门带来较大的冲击。虽然《农业部关于党的十八大以来农村改革试验区改革试验成果转化情况的通报》（农政发〔2018〕1号）赞誉"清远探索以农村社区、村民小组为单元的村民自治"形成了可复制可推广的经验，但由于其实施所需成本高，面临体制机制障碍较多，所以它仍处于地方试点状态，而没有大规模在全国推广而形成扩散。

第六部分是乡村治理政策创新扩散路径优化。与美国等联邦制国家一样，我国也有鼓励地方试验的传统。无论在革命年代还是在建设时期，通过地方试验实现政策创新扩散一直是国家公共政策制定的重要政策过程，特别是纵向间的吸纳辐射成了解决我国政策问题的重要过程，它表现为地方自主试验、上级政府有意识政策试验，以及上下结合。正如习近平总书记所强调那样，改革必须坚持正确的方法论，要把"摸着石头过河"与"加强顶层设计"结合起来。将基层的建议和地方积累的经验注入国家政策中，既是政策过程的中国经验，也是提升国家治理体系和治理能力现代化的重要途径，还是乡村治理创新扩散的优化路径。

2 政策创新扩散的理论

2.1 政策创新扩散理论的产生

政策创新扩散一直是国内外公共政策研究的主题之一。一般认为,美国政策创新、政策扩散研究从 20 世纪 30—40 年代开始。但在 60 年代前,有关创新扩散的研究比较少,而且基本上是社会学方面的。1962 年,罗杰斯《创新的扩散》第一版正式发表,为不同领域创新扩散做出了开创性工作,从而奠定了扩散研究的基础。从那时起,政策扩散在政策分析领域的各个层面上越来越受到关注。[①] 1969 年,在美国国家政治的比较分析中出现了一个比较有影响力,而且富有创新性的文章,便是杰克·沃克尔发表在《美国政治学评论》上的 "The Diffusion of Innovations among the American States"。沃克尔对美国州政府间的创新扩散研究,是第一个明确将扩散理论应用于州政府采纳政策的研究,[②] 它改变了政策扩散研究全部由社会学学者进行的局面,其富有创见的成果开启了政治学领域对于政策创新扩散的研究。随后出现了 60 多项这样的研究,而且很多研究都是由政治学方面的学者所进行的。这表明在罗杰斯的术语中,一个关于扩散现象的交叉学科的研究开始形成,并逐步产生较大影响。[③] 随后,包括格雷、格洛尔、贝瑞夫妇等学者对政策创新扩散各方面问题进行探讨,形成了当今世界政策创新扩散蔚为壮观的研究。

政策扩散首先是面对扩散的对象,即一项创新的政策。一般来说,人们认为一个创新的政策会得到扩散。于是,人们开始探讨何谓创新。"创新"这个术语可以有多种含义,它可以指创新产品、新引进的产品,或者创新行为、引入新事物、确定规则的改变等。"创新"一词还可以指新兴治理方法的新颖性,

① STREBEL F, WIDMER T. Visibility and Facticity in Policy Diffusion: Going Beyond the Prevailing Binary [J]. Policy Sciences, 2012, 45 (4): 385 - 398.

② NICHOLSON - CROTTY S. The Politics of Diffusion: Public Policy in the American States [J]. The Journal of Politics, 2009, 71 (1): 192 - 205.

③ SAVAGE R L. Diffusion Research Traditions and the Spread of Policy Innovations in a Federal System [J]. The Journal of Federalism, 1985, 15 (4): 1 - 27.

以及这些方法的广泛扩散及其影响。① 在 20 世纪 60 年代，政策创新就被更简洁地定义为"一个对采用它的地方来说是新的计划或政策，无论该计划多么老旧，或者有其他很多地方可能已经采用了它"。② "新"意味着对采纳人来说是新的，而对整个世界来说不一定是新的。③ 但也有人认为创新应该与原有不一样，如林恩（Lynn）认为，创新是"核心领域的原创，颠覆性和根本性的转变"，创新改变了政策的深层结构并永久地改变了它们。④ 波斯比（Polsby）同意这一观点，认为政策创新应限于"一项政策或一系列政策，这些政策或一系列政策似乎以实质和相当永久的方式改变或承诺改变受其影响的人的生活"。⑤

与政策创新相对的还有政策发明，因为政策扩散主要涉及"创新"政策的扩散，所以人们认为，在现阶段的研究和理论中，将发明理念与创新理念分开似乎很重要。"政策发明"一词通常局限于完全新的事物的发展，即之前在世界其他任何地方都没有出现过。⑥ 或者说它们之前未被世界上任何其他采用者所采用。⑦

发明意味着为现有实际带来了新东西，创新意味着在应用中带来一些新东西。⑧ 创新很难，因为它涉及一些新事物。将创新实践引入社会环境意味着可能会有一定程度的不确定性的事、风险或危害会发生。然后，这提出了一个可能有助于解释创新的重要因素，即在任何特定情况下，创新可能或多或少都存在某些阻碍或危险，包括时间、材料或技能等物质成本，人力成本及人们可能的恐惧、社会安全对其的压力等。当人们从这些方面来思考"新颖性"时，这个词的绝对或客观意义并不重要，重要的是一个想法对一个特定角色或一组角色的相对新颖性，因为在特定背景下创新经常会出现阻碍。⑨ 总之，根据这个

① JORDAN A, HUITEMA D. Policy Innovation in a Changing Climate: Sources, Patterns and Effects [J]. Global Environmental Change, 2014, 29: 387 - 394.

② WALKER J L. The Diffusion of Innovations among the American States [J]. The American Political Science Review, 1969, 63 (3): 880 - 899.

③ DOWNS G, MOHR L. Towards a theory of innovation [J]. Administration and Society, 1979, 10 (4): 379 - 408.

④ LYNN L. Innovation and the public interest. In: A. Altshuler and R. Behn, eds [J]. Innovation in American Government. Washington, DC: Brookings Institute, 1997: 83 - 103.

⑤ POLSBY N. Political Innovation in America [M]. New Haven, CT: Yale University Press, 1984: 8.

⑥ ROGERS E M, SIMON S. Diffusion of Innovations [M]. 5th Ed. Free Press, 2003: 43.

⑦ BERRY F S, BERRY W D. Innovation and Diffusion Models in Policy Research [M] //Sabatier P A. Theories of the policy process. 2nd ed. Boulder, CO: Westview Press, 2007: 223 - 260.

⑧⑨ MOHR L B. Determinants of Innovation in Organizations [J]. American Political Science Review, 1969, 63 (1): 111 - 126.

定义，一个地区可以通过采用其他地区多年前采用的政策或某些方面，简单地进行创新。①

除了政策创新和政策发明以外，还有一个概念——政策转移。它是指一种政治体制（过去或现在的）中有关政策、行政安排、制度和思想的知识用于另一种政治体制中政策、行政安排、制度和思想的发展的过程。政策转移发生在一个从强制性到自愿性的连续过程中，强制性政策转移可以通过监管等直接手段达到，也可以用附加金融条件等间接手段达成。②

虽然学者对政策创新存在些许的分歧，但他们对政策扩散大多持相同的观点，因为扩散大多意味着政府间相互采纳政策。所以学者们大多从政府间的互动来定义政策扩散，如最经典的定义是罗杰斯所说的，"创新扩散是指创新通过某种渠道在社会系统成员之间被传播的过程"。③ 各学科的学者基本上都认同政策扩散的通用含义，它涵盖了政策在空间的移动和在政府间的转换。

在核心层面上，西方学者对扩散的定义大同小异，总结起来主要有以下几种观点：一，政策扩散通常被认为是政府间影响决策的过程和结果，扩散是由其他政府所作的政策选择影响另一个政府的决策，如贝贝克（Baybeck）等人。④ 还有人将扩散定义为"一个政府的政策选择受到其他政府选择的影响"，如诗潘和沃尔登（Shipan&Volden）。⑤ 西蒙斯（Simmons）也认为政策扩散是指州的政策选择受到其他州先前政策选择的制约。⑥ 二，政策扩散是指政策在区域间的移动，即政策从一个地区转向另一地区，如卡奇（Karch）指出，"扩散是关于政策在管辖区范围内的移动。相反，采纳是管辖区决定制定或采纳政策"。⑦ 三，政策扩散是一个互动过程或相互影响的过程。在扩散研究中，创新决策过程指的是决策主体从初次意识到对创新形成某种态度，决

① JORDAN A，HUITEMA D. Innovations in Climate policy：The Politics of Invention，Diffusion，and Evaluation [J]. Environmental Politics，2014，23（5）：715 - 734.

② MARSDEN G，FRICK K T，MAY A D，et al. How do cities approach policy innovation and policy learning? A study of 30 policies in Northern Europe and North America [J]. Transport Policy，2010，18（3）：501 - 512.

③ ROGERS E M，SIMON S. Diffusion of Innovations [M]. 5th Ed. Free Press，2003：5.

④ BAYBECK B，BERRY W B，SIEGEL D A. A strategic theory of policy diffusion via inter - governmental Competition [J]. The Journal of Politics，2011，73（1）：232 - 247.

⑤ SHIPAN G，CHARLES R，VOLDEN C. The diffusion of policy diffusion research in political science [J]. British Journal of Political Science，2012，43（3）：673 - 701.

⑥ ELKINS Z，GUZMAN A T，SIMMONS B A. Competing for Capital：The Diffusion of Bilateral Investment Treaties，1960—2000 [J]. International Organization，2006，60（4）：811 - 846.

⑦ ANDREW K. Emerging Issues and Future Directions in State Policy Diffusion Research [J]. State Politics & Policy Quarterly，2007，7（1）：54 - 80.

定采纳或拒绝采纳，对这个决策的确认以及最后落实该决策。[1] 吉拉第（Gilardi）进一步强调，"扩散是一个过程，而不是结果。也就是说，扩散是有利于政策扩散的相互依赖的过程，而不是由它产生的融合程度"。[2]

政策扩散的研究长期以来一直是政治学和公共政策领域的主流研究议题，它带来了学者们对政策过程、政策扩散等的关注。卡奇（Karch）[3] 指出政策扩散的三个问题得到了广泛的发展：第一，为什么会出现政策扩散？政策扩散为什么会发生？也就是说，什么驱动力或者说机制导致扩散？回答这个问题将要求学者们更多地关注政策学习、模仿和竞争等概念。第二，哪些政治力量促进或阻碍扩散？哪些政治行为者或力量，如公众、利益集团、政策企业家或跨国组织等促进了扩散？回答这个问题将需要学者在研究政策扩散时，要考虑诸如第三方力量是如何与政府组织互动，推动了政策扩散。第三，什么具体的政策内容正在扩散？回答这个问题将需要学者更加谨慎地了解公共政策的内容，特别是政策属性本身，这既是扩散的结果，也是影响政策扩散的因素。

2.2　政策创新扩散理论的扩散

探索政策采纳和扩散的决定因素是过去几十年来公共行政和政策领域的核心趋势之一。[4] 在沃克尔的工作之前，扩散研究一直是社会学家的主要研究领域。早在 20 世纪 30 年代，该领域的一些扩散研究就已经开始。然而，扩散理论科学家的许多工作都基于罗杰斯《创新的扩散》（1962），该书是对扩散研究的汇编和综合，被认为是扩散理论的"圣经"[5]。1969 年，沃克尔在美国政治学评论上发表"美国各州创新的扩散"一文，是第一个明确将扩散理论应用于州政府采纳政策的研究[6]，其成果推动了对政治科学领域政策创新和政策扩散的研究，极大地改变了研究的方向和内容，即原来社会学领域大多数关

---

①　SAVAGE R L. Diffusion Research Traditions and the Spread of Policy Innovations in a Federal System [J]. The Journal of Federalism, 1985, 15 (4): 1 – 27.

②　GILARDI F. Who learns from what in policy diffusion processes? [J]. American Journal of Political Science, 2010, 54 (3): 650 – 666.

③　ANDREW K. Emerging Issues and Future Directions in State Policy Diffusion Research [J]. State Politics & Policy Quarterly, 2007, 7 (1): 54 – 80.

④　EOM T H, BAE H, KIM S. Moving Beyond the Influence of Neighbors on Policy Diffusion: Local Influences on Decisions to Conduct Property Tax Reassessment in New York [J]. American Review of Public Administration, 2017, 47 (5): 599 – 614.

⑤　WILLIAM H. Redmond, Innovation, Diffusion, and Institutional Change [J]. Journal of Economic Issues, 2003, 37 (3): 665 – 679.

⑥　NICHOLSON - CROTTY S. The Politics of Diffusion: Public Policy in the American States [J]. The Journal of Politics, 2009, 71 (1): 192 – 205.

于扩散的研究集中在组织和代理人之间创新和观念的扩散，而政治科学研究成果倾向于以区域为中心的政策扩散研究。[①]

1958—2008 年，政治学顶刊上共发表了近 800 篇关于政策从一地政府传到另一政府所谓政策扩散的相关论文。[②] 从当今政策创新、政策扩散研究领域来看，文章内容涉及美国政治（AP）、比较政治（CP）、国际关系（IR）和其他领域四个类别。从全部 781 篇论文中，比较政治领域比国际关系和美国政治两个领域产生了更多的政策扩散研究，共 307 篇，国际关系有 226 篇，美国政治约有 189 篇，其他领域研究 59 篇。从时间序列来看，20 世纪 60 年代仅有少量文章发表，20 世纪 70 年代每个子领域平均发表 2 篇文章，20 世纪 80 年代和 90 年代期间出现稳定的增长，在 2000 年后有大幅度增加。与 20 世纪 90 年代相比，所有子领域的论文发表都翻了一倍多，这种序列看起来非常像政策采用产生的标准 S 形曲线（图 2-1）[③]。

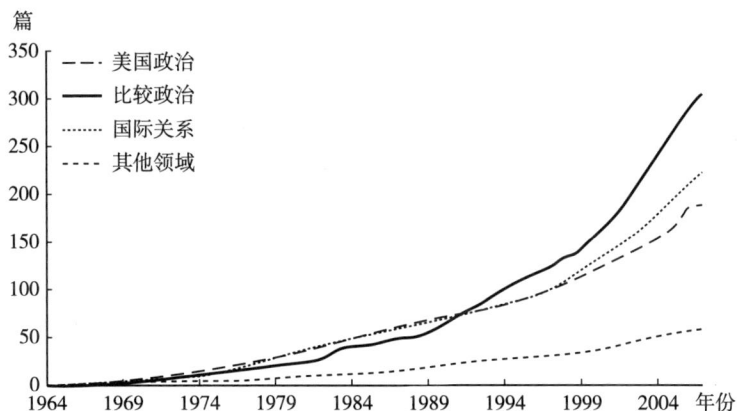

图 2-1　国际上政策扩散理论研究成果状况

近年来，相关研究持续发展。在 Wiley Online Library 上用政策扩散进行检索，发现以 "policy diffusion" 为标题进行检索获得的论文数在 2009—2022 年约为 81 篇，以关键词为 "policy diffusion" 进行检索，获得的论文数约为 105 篇，涉及政策扩散各方面如政策扩散空间、政策扩散结构、政策扩散政治

①　CARTER L E, LAPLANT J T. Diffusion of Health Care Policy Innovation in the United States [J]. State and Local Government Review，1997，29（1）：17－26.

②　GRAHAM E R, SHIPAN C R, VOLDEN C. Review Article：The Diffusion of Policy Diffusion Research in Political Science [J]. British Journal of Political Science，2012（43）：673－701.

③　SHIPAN G, CHARLES R, VOLDEN C. The Diffusion of Policy Diffusion Research in Political Science [J]. British Journal of Political Science，2013，43（3）：673－701.

学等，加上其他相关的研究，有关政策扩散的成果更多。如果以摘要中出现"policy diffusion"进行检索，约有 688 篇。这些都体现了政策扩散受到越来越多学者的关注。

近年来，政策扩散逐步成为国内政治学、公共管理等领域研究的重要主题。通过查阅近 20 年的政策扩散相关文献，可以发现国内对政策扩散领域的研究始于 21 世纪初。随后，国内政策扩散相关研究进入两个阶段：进入、消化阶段和快速成长阶段。自 2012 年以来，研究文章的数量在大大增加。政策扩散理论已广泛应用于各个领域的政策研究中，研究成果的数量也迅速增加。

为了解中国学术界关于政策扩散的研究现状，本研究以"政策扩散""政策试点（试验）—扩散"为篇名和篇名、关键词、摘要在中国知网（CNKI）数据库进行检索，检索时间截至 2021 年 6 月。本研究数据集主要选择国内学者的相关文献，因此不包括外国学者发表的外国文献。通过对政策扩散理论与实践研究的检索，通过对文献摘要逐篇阅读后剔除无关文献，共筛选出政策扩散相关文献 246 篇。其中，以"政策试点（试验）—扩散"为篇关摘进行检索得到的相关文献为 24 篇。对这些文献统计发现（图 2-2），从趋势上看，中国学术界对政策扩散理论体系与最新发展兴趣浓厚，对此领域的研究基本与国际同步，并结合国情与实际提出理论创新，如领导人对政策扩散的影响、央地关系对政策扩散的影响等；对中国特殊的政策扩散，尤其是试点与扩散密切相连，政策试点扩散研究集中于成效、结果和过程等几个方面，政策试点的扩散过程包括初步试点、扩大试点、全国试行和全面推进四个阶段。

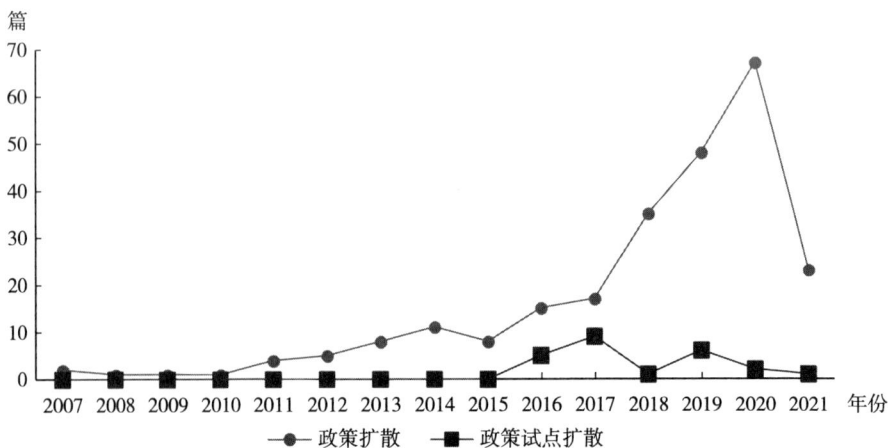

图 2-2 国内近年来政策扩散研究趋势情况

2.3　政策创新扩散的模型

在关于美国州政策创新的文献中，有关政策创新扩散有三个主要的模型。一个是内部决定因素模型，该模型认为导致州创新的主要因素是州的内部理论、社会和经济特征；另外两个是区域扩散模型和国家互动模型。[①] 纯粹的内部决定因素模型的隐含假设是，地方政府的决策过程是完全独立的，因此任何地方政府都不会受到任何其他地方政府的影响。这个解释已经用横截面回归（或者说过程）模型进行检验了，其中因变量是一个潜在采纳者采纳政策的时间，或者这个地方是否在某个日期之前采纳了某个政策，自变量是一个地方内部的政治、经济和社会特征，关于这个模型已经找到了相当多的经验支持。

区域扩散模型认为，如果已经采纳政策的邻近地区数量增加，一个地方更有可能采纳政策。有几种方法已被用来分析这种采纳的动因，但被引用最多的是因素分析法。沃克尔用这个方法来区分 88 个政策的采纳情况，他想看看这些采纳的州是否与地区集群一致。他发现五个粗略的区域集团：①南部区域如佛罗里达、得克萨斯等；②新英格兰地区如纽约、宾夕法尼亚州等；③落基山脉和西北地区，如爱达荷、犹他；④中大西洋和五大湖，如伊利诺依、明尼苏达；⑤五大湖区和加利福尼亚州等。从区域上看，显示彼此相邻的州政府在一段时间内采取类似的政策。在这些区域中都会有一些先驱作为领导者，还有一群追随者，形成政策扩散的先后关系。当然，伴随政治体系和地区通信网络的发展以及官员之间的交流，这些区域组成者会跨越传统的地区界限，有时甚至会突破五大区域边界。[②]

国家互动模式假定地方官员之间有一个全国通信网络，在这个网络中，政策采纳地方政府官员可以自由地与非采纳的地方政府官员进行互动。它假设一个还没有采取政策的地方有可能在将来的某一年采纳，这与该地官员和已经采纳地区的官员之间的互动数量成正比。这个假设导致了一个预测，即采用创新对时间状态的累积比例的图形呈 S 形，这个预测可以用时间序列回归分析来测试验证。格雷等人发现，若干个地区采纳政策的时空特征，如对有子女抚养权的家庭计划、民权法、教育政策和高速公路技术等政策的采纳也基本上符合这个特征。

---

①　BERRY F S. Sizing Up State Policy Innovation Research [J]. Policy Studies Journal，1994，22（3）：442 - 456.

②　WALKER J L. The Diffusion of Innovations among the American States [J]. The American Political Science Review，1969，63（3）：880 - 899.

尽管早期沃克尔文章所做的解释仅限于区域扩散，即从一州扩散到邻州，从而形成一个区域性的网络，但全国性、功能性协会为全国政府官员网络交流提供了机会。这意味着另一种可能，即政策通过州之间的官员交流来进行扩散。虽然政策创新和政府管理创新都会受到区域扩散和国家互动模式的双重影响，但在政策创新的情况下，我们可以预期区域扩散影响力会更强，而国家通信网络在行政创新中的作用也会更强。这是因为政治现实推动选举官员地方主义倾向，因为选民倾向于相邻地区的政策变化而不是遥远中央的政策变化，选民可能希望推选民选官员效仿相邻地区采取的政策。相比之下，功能主义机构的官员在各州之间有共同的职业兴趣，使得这些官员比地方官员更有可能向全国各地的同行学习。此外，我们可以预期，一些在全国性协会中最活跃的管理人员最有可能成为创新者。

2.4　政策创新扩散的主体

创新的政策一旦形成，并不是一下子就能被其他的决策者所采纳，形成政策扩散。在从创新到扩散的过程中，政策扩散主体的作用不容忽视。一般认为，选民、选举出来的政治家、任命的官僚、利益集团和政策企业家都是政策扩散中的重要主体。[①] 他们可分为三类主要的政策行为者——内部行为者、外部行为者和中间人，他们之间的相互作用可能在决定一项创新以及随着时间的推移形成扩散的过程中发挥关键作用。[②] 研究这三种类型的行动者和他们之间的相互作用对于更好地理解政策扩散至关重要。

早期比较政治学忽视扩散压力这些外部决定因素，而是将关注点更多地放在政策制定过程。显然，排除政策过程的外部决定因素的扩散研究也是不充分的，并且可能存在误导。然而，在大多数扩散研究中，外部行动者通常被忽视，也许是因为政策过程中决策者已经做出了决定。例如，为了揭示早期采纳政策的政府影响后期政府决策的证据，重要的是要知道是什么导致这些早期采纳者进行创新。忽视早期决策者政策采纳的原因可能会导致对政策扩散的误解，因为每一个新的政策思想都会来自某个地方。因此，如果第一批采纳者在没有来自外部行为者的信息或压力的情况下，来分析他们的行为，那么研究人员可以

---

① DOLOWITZ D P, MARSH D. Who Learns What from Whom? A Review of the Policy Transfer Literature [J]. Political Studies，1996（44）：343 - 357.

② EOM T H, BAE H, KIM S. Moving Beyond the Influence of Neighbors on Policy Diffusion：Local Influences on Decisions to Conduct Property Tax Reassessment in New York，American Review of Public Administration，2017，47（5）：599 - 614.

分析政策采纳的原因，从而最大限度地减少虚假信息的可能性。① 总之，任何忽略内部政策制定者和政策扩散外部行为者的研究都是有欠缺的，关注内部决定因素和扩散压力及其对决策的影响已成为当今政策扩散研究的常态。

一般来说，政府是政策创新扩散最主要的主体，也是内部行为者。接受或拒绝创新的地方政府也是政策创新扩散的主体，直接决定创新的扩散程度。② 此外，一些广义上讲的中间人也是政策扩散的重要主体，③ 利益集团、政策企业家等都会通过不同的途径来影响政策决策，从而推动或阻碍某一政策的扩散。正如格拉汉姆（Graham）等人所指出的那样，内部行为者、外部行为者和中间人三种类型的行为者可能会相互作用，并且他们的相互作用可能影响随着时间推移的政策扩散过程。④

第一，人们普遍认为利益集团和社会运动组织一贯影响公共政策。但许多学者研究发现这种影响微不足道，如安索雷贝赫（Ansolabehere）⑤ 和伯斯汀（Burstein）。⑥ 许多理论家假设利益组织如利益集团和社会运动组织共同影响立法者，⑦ 他们向立法者提供的信息，将提高立法者的效力并帮助他们赢得连任。然而，研究人员并没有系统地研究信息对立法者的影响。相反，他们关注的是组织资源，比如预算或成员资格，或者更多的是关注诸如为候选人的竞选活动或抗议示威做出的贡献等。⑧ 一般意义上说，拥有更多资源或更积极的组织具有更大的影响力，对立法机构的一些研究也表明，组织拥有的资源越多，其影响力就越大。⑨

对利益组织影响政策的分析应该仔细考虑它是如何影响政治制度的？为什么选出的官员会回应利益相关者组织？越来越多的理论工作要分析当选官员最重要的需求是什么，其中一个就是信息。因为官员需要考虑立法，并研究如何

①④ SHIPAN G，CHARLES R，VOLDEN C. The Diffusion of Policy Diffusion Research in Political Science [J]. British Journal of Political Science，2013，43（3）：673 - 701.

② 朱旭峰，张友浪. 地方政府创新经验推广的难点何在：公共政策创新扩散理论的研究评述 [J]. 人民论坛·学术前沿，2014（17）：63 - 77.

③ DOLOWITZ D P，MARSH D. Who Learns What from Whom：a Review of the Policy Transfer Literature [J]. Political Studies，2010，44（2）：343 - 357.

⑤ STEPHEN A，FIGUEIREDO J D，SNYDER JR J M. Why Is There So Little Money in U. S. Politics? [J] Journal of Economic Perspectives，2003（17）：105 - 130.

⑥ PAUL B，LINTON A. The Impact of Political Parties，Interest Groups，and Social Movement Organizations on Public Policy [J]. Social Forces，2002（81）：380 - 408.

⑦ PAUL B. Interest Organizations，Political Parties，and the Study of Democratic Politics [M] //In Anne N. Costain and Andrew S. McFarland（eds.）Social Movements and American Political Institutions：Lanham，MD：Rowman & Littlefield，1998：39 - 56.

⑧⑨ PAUL B，LINTON A. The Impact of Political Parties，Interest Groups，and Social Movement Organizations on Public Policy [J]. Social Forces，2002（81）：380 - 408.

通过满足这些需求来影响组织的利益。他们需要在一些问题上决定采取行动或不采取行动，并且他们知道他们的行为可能会产生的后果。为了决定做什么，他们不断寻找信息，立法者和其他民选官员似乎对以下三种信息特别感兴趣。

首先，立法者、决策者需要获得公众要求解决的问题的重要性的信息。他们会被不断要求处理超出他们管理能力范围的问题，由此必须确定优先事项，以及他们这样决策的理由。事实上，利益组织努力让立法者、决策者注意他们的担忧。

其次，决策者希望得到有关为解决问题而提出的政策可能产生影响的信息。通常利益组织提供的可能是关于这些政策的有效性的信息。然而，有时决策者会收到另外一些信息，这些信息为政策辩论带来了新的一面，从而使决策者试图重新设计这个政策。这往往会导致一项政策实行后产生意想不到的后果，例如，从经济利益角度来看，长期支持的烟农政策已经被重新定义，因为支持烟农可能会使烟草影响人体健康的问题加剧，导致公众反对等非预期的后果。

最后，决策者想知道他们的选票可能对他们的连选机会产生什么影响。他们想知道选民的政策偏好，他们选择的问题的重要性，以及他们的行为是否会影响他们在下次选举中的投票。

总之，选民、选举出来的政治家、任命的官僚、利益集团和政策倡导者通过不同的渠道传递信息，影响决策者，从而影响公共政策。

第二，中间人既是政策扩散的另一重要直接主体，也是政策扩散的重要影响主体。我们将其分为两类：自上而下的中间人和认知中间人。首先，在联邦制下，联邦政府、州政府甚至协会都可以扮演自上而下的中间人的角色。自上而下的中间人能够通过相关措施向决策者提供激励或约束，例如以赠款、税收激励、立法和制裁等形式，对较低级别的管辖区施加自上而下的压力。许多研究表明，自上而下的中间人提供外部资金是提高政策采纳率的关键因素，他们还通过充当信息渠道，甚至是直接推动不太富有的地区实施政策[①]。已经采用政策创新的地方还可以通过提供关于政策创新及其运作的信息和证据来影响州或联邦政府，从而推动州或联邦政府将政策创新纳入各自的议程，从而实现政策扩散。

他们可能会说服自上而下的中间人为政策扩散提供资金，同时，他们还能了解到政策创新的州可能会向联邦政府提供关于政策的信息。一旦联邦政府认

---

① DOUGLAS J W, RAUDLA R, HARTLEY R E. Shifting Constellations of Actors and Their Influence on Policy Diffusion: A Study of the Diffusion of Drug Courts [J]. The Policy Studies Journal, 2015, 43 (4): 484 - 511.

为创新是一个值得推广的政策，根据以前的地方经验，联邦政府会向下级行为人和认知中间人进行信息扩散，这一过程被称为"多扩散"。同样，地方政策创新也可能会说服州级政策制定者在其他地方促进甚至资助实施此类政策。

政策创新者和采纳者间存在显著的相互作用，并且这些相互作用会影响扩散过程。早期采纳者会创建知识型中介，它是专门针对政策宣传介绍的中介组织，其功能主要是影响潜在政策采纳者所在地区的政策创新环境，为后续采纳者发现、评估和采纳现行政策提供便利。尽管早期政策采纳者主要是通过学习获得动力，后来的采纳者更可能受到模仿和强制的驱使，如果他们有更多机会了解政策，就会增加他们政策学习的可能性。

其次，专业协会、国家或地区组织、政策倡导团体、智囊团等行为者可以扮演认知中介的角色。由于管辖区范围的限制，专业协会等有助于跨越管辖区范围"运输"政策。他们会传递有关政策创新存在和影响的信息，降低自上而下的中间人和认知中间人获取政策信息和评估政策的成本，从而促进政策跨辖区的扩散。[①] 协会"运输"政策主要是通过组织会议和出版有关政策扩散的知识、证据书籍和期刊，资助政策研究，进行政策评估的研究，并游说政府官员。[②] 总之，这些专业协会会扮演政策企业家角色，也有可能说服自上而下的中间人来推动政策扩散。

中间人在自上而下的角色中，通过建立信息中心、组织会议或使用其他扩散信息的方式促进政策学习。一旦他们有机会在培训或协会会议上更全面地评估政策创新，他们就可以从合法性寻求者或资金寻求者转为问题解决者。中间人的存在不仅为推动政策采纳提供资金支持，还可以使政策采纳的评估过程更加系统化，并增加政策学习的可能性，而不仅仅是模仿政策或强迫政策采纳。[③] 总之，认知中间人能够推动政策学习，带来政策扩散。

再次，在主体层面上，这些中间人还包括政策企业家。政策企业家被定义为寻求动态化政策变革的人，[④] 包括当选官员、在行政机构工作的官员或民间的政策积极分子，他们构成了一类政策行动者。他们的角色类似于商业伙伴，可以通过他们参与的行动类型而不是他们的具体身份来识别。为了促进政策理

---

①③ DOUGLAS J W，RAUDLA R，HARTLEY R E. Shifting Constellations of Actors and Their Influence on Policy Diffusion：A Study of the Diffusion of Drug Courts [J]. The Policy Studies Journal，2015，43（4）：484 - 511.

② BALLA S J. Interstate Professional Associations and the Diffusion of Policy Innovations [J]. American Politics Research，2001（29）：221 - 245.

④ MINTROM M. The State - Local Nexus in Policy Innovation Diffusion：The Case of School Choice [J]. Publius，1997，27（3）：41 - 59.

念形成，政策企业家会发现问题，参与网络建设，制定政策辩论的条款。① 政策企业家愿意利用他们的专业知识，坚持积累个人资源推动实现他们所喜欢的某些政策。如果行动成功，政策企业家可能会是不稳定因素。也就是说，他们的行为经常迫使其他人从舒适的位置上做出调整。为了对抗、抵制变革的力量，政策企业家必须是老练的政治参与者。他们必须经常重新构思论点并构建论据，以便最大限度地将他们的想法传播给他人。为传播他们的政策理念，他们会寻求令人信服的论据。总之，"政策理念的产生和传播，需要政策企业家在政府内部和周围建立大量的网络联系"②。通过与人们建立的密切联系，来实现他们的政策目标。

政策企业家不仅在一个政府内部推动政策扩散，而且还推动政策从一个政府向另一个政府扩散。③ 现实中，政策企业家在将创新理念转化到政府议程中发挥着重要作用。他们可以在识别政策问题方面发挥关键作用，既可以吸引决策者的注意，也可以促使决策者对政策做出反应。例如，已经采用创新政策的地方管辖区域可以通过提供关于政策创新及其运作的信息和证据来影响认知中间人、地方政府甚至是中央政府。这种影响与他们间的互动可以采取多种形式，早期采纳区域的政策企业家中可能会产生认知中间人，比如专注于特定政策问题的专业协会，他们会说服自上而下的中间人，并为即将要采纳的政策提供资金，从而推动上级政府将政策创新纳入政策议程。④ 总之，他们通过赢得对政策创新的支持，来推动政策变革和政策扩散。

政策企业家是政策创新扩散的渠道。为了在政治家那里获得一定程度的可信度，政策企业家必须提供有关政策创新令人信服的信息，并且必须找到地方法规来证明他们的想法是可信的。因此，政策企业家需要制定新的政策理念并找到令人信服的方式来传播它们，向决策者提供高质量的信息正是政策企业家发挥关键作用的重要方面，他们试图通过赢得决策者对政策创新理念的支持来实现这一目标。因为在其他条件相同的情况下，最成功的政策企业家就是那些有能力说服政治家的人。如果实施，这些政策将产生比当前政策环境更好的政策效果。当然，既定的政策理念是否会产生所谓的利益，这始终是一个悬而未

---

① DOUGLAS J W, RAUDLA R, HARTLEY R E. Shifting Constellations of Actors and Their Influence on Policy Diffusion: A Study of the Diffusion of Drug Courts [J]. The Policy Studies Journal, 2015, 43 (4): 484-511.

②③ MINTROM M. The State - Local Nexus in Policy Innovation Diffusion: The Case of School Choice [J]. Publius, 1997, 27 (3): 41-59.

④ STEVEN J B. Interstate Professional Associations and the Diffusion of Policy Innovations [J]. American Politics Research, 2001 (29): 221-245.

决的问题，在很大程度上取决于是否有相关立法和政策执行的细节。① 政策企业家充分了解哪些论据对他们的目标受众最有说服力且也是至关重要的，在其管辖范围内寻求促进政策创新的工作实例是他们传播政策理念的关键因素。政策企业家所讨论的创新决策往往与最终其所属管辖范围内的决策者采纳的创新大不相同。尽管如此，如果可以仔细选择案例并确定向决策者提交的突出证据，政策企业家可以提高他们在决策过程中获得影响力的机会，从而增强其参与决策的能力。②

　　政策扩散主体加上他们的偏好、目标和他们所处的环境是理解政策扩散的核心。政策制定者的偏好可能是基于个人的观点和经验，由选民、利益集团或其他人的愿望所决定的。这种偏好通常会影响政策制定者选择政策的范围，因此偏好会影响特定政策在政府之间扩散的可能性。③ 政策制定者的目标可以分为两类：政治目标如重新参与选举、重新获得任命、维持权力；政策目标如采取有利的政策、吸引大量的纳税常住居民。政策制定者所处的环境以及地方的特点可能会影响其他人是否愿意成为其追随者的可能性。例如，具备赢利能力的政府可能被视为政策创新的先驱，并且更有可能向后来加入的政策采纳者提供信息，因为潜在的政策采纳主体更有可能模仿大型城市或富裕地区的政策实施，④ 这些规模更大和更富有的政府在创造其他人可能追随的准则方面可能会取得更大的成功。这些先加入的政策采纳者往往不只被动等待别人对于他们的政策选择作出回应，而是表现出战略性和主动性。例如，如果竞争出现，他们的商业友好型税收计划可能立刻需要调整，一旦其他人也采用这些税收标准，他们的监管力度可能会更优化、更有效。

2.5　政策创新扩散的动力

　　哪些政治行动者或力量在促进政策扩散？这是公共政策领域学者一直关注的问题之一。首先，政策可能会扩散，因为当地执政官员认为他们和已经采纳该政策的地区具备共同特征。这时的政策扩散就是一个简单的政策模仿过程，即由政治和人口相似性等共同属性驱动官员采纳创新的政策。其次，政策可能会扩散，因为政策创新先驱是该地区的典范，周边地区需要向其学习，在这一

---

①② MICHAEL MINTROM. The State – Local Nexus in Policy Innovation Diffusion：The Case of School Choice［J］. Publius，1997，27（3）：41 – 59.

③ SHIPAN G，CHARLES R，VOLDEN C. The diffusion of policy diffusion research in political science［J］. British Journal of Political Science，2013，43（3）：673 – 701.

④ DREZNER D W. Globalization，Harmonization，and Competition：The Different Pathways to Policy Convergence［J］. Journal of European Public Policy，2005（12）：841 – 859.

过程中周边地区决策者从该政策创新先驱的成功或失败中吸取经验或教训。最后，政策可能会扩散，因为各类政策存在地区竞争，例如经济发展政策和福利政策形成竞争。地方官员们倍感压力，他们需要跟随其他地区发生的政策变化，以提升本地区的吸引力和竞争力，从而带来地方政策的扩散。① 政策扩散领域的研究文献表明，采纳新政策是内部动力和外部压力下的行为，即政策创新的动力可能来自政治体系内部，如政治精英的观点、舆论的变化、社会经济条件和问题环境，也可能受到外部其他主体的影响等。

第一，政策采纳受政党的政治主张影响。许多研究认为，在涉及某些政策问题的优先级别或决策方向时，政党扮演了很重要的角色。在联邦制国家，新政策能否进入政策议程取决于这个政策在政党纲领政策中的优先级别和议会中党派代表的地位，因为政治家会迎合他们的选民，从而根据他们的党纲领政策、政治主张来行事，来决定是否采纳其他地区的新政策。

第二，内部经济因素是政策创新扩散的重要动力。社会经济条件对政策创新具有约束作用，因为任何政策采纳均需要消耗资源，资源可用性是政策采纳的基础。沃克尔就提出，政策创新大多发生在纽约、加州等富裕区域，因为这些区域能够投入更多资源来开发新的项目，所以大型富裕地区比贫穷地区更具创新性。格雷在对地区创新进行研究时，得出了类似的结论。贝瑞夫妇的研究结果表明，一个州的财政状况是决定该州是否会采纳彩票政策的重要因素。例如，如果一个州的支出超过其收入，决策者可能会考虑通过抽奖来弥补预算不足。②

第三，政治体系中利益集团和各种社团组织会推动政策扩散。虽然地方政府处于创新政策扩散的中心，但当选官员并非是最主要的创新政策扩散者。而利益集团能为创新政策在州之间扩散提供便利，他们通过有组织的利益集团网络将政策从一地扩散到另一地；利用自身的资源和会员，在全国范围内发动政策扩散行动。还有一些社团组织受制于自身能力，除了在一些小的可接受的地方之外，无法倡导政策扩散。③ 许多组织团体认为，政策相关信息的扩散是其组织使命的关键组成部分。④ 利益集团还会站在强有力的立场，通过支持具体政策来促进政策扩散。专业协会也能发挥与利益集团类似的作用，专业协会因为组织使命和宗旨，会通过政策采纳的原因使决策者对政策有更深入的了解。

---

①④　ANDREW K. Emerging Issues and Future Directions in State Policy Diffusion Research [J]. State Politics & Policy Quarterly，2007，7 (1)：54 - 80.

②　BERRY F S，BERRY W D. State Lottery Adoptions as Policy Innovations：An Event History Analysis [J]. American Political Science Review，1990，84 (2)：395 - 415.

③　BOUSHEY G T. Policy Diffusion Dynamics in America [M]. Cambridge：Cambridge University Press，2010：20 - 21.

当然，政策企业家也是政策扩散的动力。政策企业家是那些希望推动政策改变的人，他们以"自己的个人特征"为基础，利用自身专业资源、角色持久性和技能优势，以实施他们青睐的某些政策。政策企业家可能是当选的官员、行政机构的职员，或是普通公民，如商界代表或政策活动家。他们通常关注同一问题多年，专业研究为他们的政策建议提供专业支撑，对他们抓住政治时期的短期机会是特别有利的。① 当然，还有许多对政策制定感兴趣并积极参与的个人，他们在不止一个地区开展业务或建立专业联系，传播政策相关信息，在一定范围内影响公共舆论，为政策扩散提供便利。

第四，问题导向带来创新政策扩散。奈斯（Nice）认为，处理问题特别是一些危机问题的压力会促进政策创新发生。问题导向是指需要解决或纠正缺陷，任何一个国家或地方政府都可能会遇到。严重的问题可能会导致危机，迫使决策者关注这一问题。问题也可能推动利益团体给决策者带来更多压力，这些问题可能包括计划失败、财务状况不佳以及需要决策者作出回应的其他情形。危机为创新创造了机会，有问题的环境不一定存在危机，但问题可能会驱使决策者寻找新的更好的做法，从而导致政策变化。②

政策创新的动力也可能来自政策之外，如政策学习或来自相邻地区的经济竞争。地理位置相邻或者说区域间友好互动的作用长期以来也一直是美国各州和国际公共政策扩散研究的一个突出主题。地理位置邻近可能会影响政策扩散，其也是政策扩散的动力之一。首先，社会学习、政策模仿是扩散外部动力。地理区划、人口特征和经济发展的相似性为决策者搜索决策提供了启发，使政策学习成为可能。③ 扩散可能最初由简单的政策模仿所驱动，在模仿中逐步实现政策学习。换句话说，如果官员认为他们所在区与已经颁布该政策的管辖区有着相似的特征，政策可能会扩散，因为他们认为他们也应该模仿该地区制定政策。如果官员认定了其他地方现有的成功案例，并试图在其管辖范围内对其成功进行复制，公共政策也可能扩散。模仿不仅受到意识形态、人口统计或经济相似性的驱动，还受到政策成功的推动。官员们认为他们应该采取政策，因为这将使他们能够实现实质性的政策目标。在这样的模仿过程中，后来的政策采纳者试图超过早期采纳者的成就。同样，如果一项政策施行得不成功，其他地方的官员将从政策试验中吸取教训，而不会制定相同的计划。当

① ANDREW K. Emerging Issues and Future Directions in State Policy Diffusion Research［J］. State Politics & Policy Quarterly，2007，7（1）：54 - 80.

② SATTERTHWAITE S B. Innovation and Diffusion of Managed Care in Medicaid Programs［J］. State and Local Government Review，2002，34（2）：116 - 126.

③ KARCH A. Emerging Issues and Future Directions in State Policy Diffusion Research［J］. State Politics & Policy Quarterly，2007，7（1）：54 - 80.

然，计划的成功推广不一定限于地理上接近政策最初采纳者的地区。现代便捷通信网络的建立，使得政策扩散可以突破地理空间的限制，共享的媒体市场和共享属性可能因此会产生。[①]

其次，政府间的相互竞争对创新政策的扩散造成压力。如果官员们认为采用这种政策会使他们管辖的区域处于竞争劣势，公共政策也可能扩散，因为这种竞争劣势迫使地方官员与其他管辖区的官员保持联系。竞争通常与经济有关，竞争商业投资环境就是重要内容，因为就业和税收对地区经济有重要影响。通过各类政策间的府际竞争，例如经济发展政策和福利政策，官员们迫于压力要跟上其他地区政府政策变化的步伐。具有重大跨境外部性的政策最有可能以这种方式受到影响，而这些政策可能主要是经济性的。[②]

最后，国际组织干预以及其他组织的参与也是政策扩散的动力。许多国际间的政治力量，包括国际间组织、政策企业家和政府组织，这些组织的强力干预可以突破地理范围限制，实现创新政策扩散的跨国界传输，从而形成公共政策跨国扩散。强有力的国际组织如国际多边机构，甚至可能是非政府组织，他们能够通过强加其意志迫使参与者实施政策变革，如通过武力或政治制裁，或通过施加政治压力，附加承诺贷款或援助。[③] 当国家间争夺资本和出口市场时，一些国际组织会要求东道国简化监管要求，控制投资风险，减轻税负，改善营商环境。如果直接竞争对手这样做时，东道国也会采纳相应的政策来吸引全球投资并保持出口的竞争力，这时政策就出现跨国扩散了。

---

①② KARCH A. Emerging Issues and Future Directions in State Policy Diffusion Research [J]. State Politics & Policy Quarterly，2007，7（1）：54-80.

③ ELKINS Z, GUZMAN A T, SIMMONS B A. Competing for Capital：The Diffusion of Bilateral Investment Treaties，1960—2000 [J]. International Organization，2006，60（4）：811-846.

③ 乡村治理政策创新扩散的发展变迁

3.1 新中国成立前后乡村治理政策创新扩散

在近代中国，国家中央政权与基层乡村社会间的关系呈现出一种中心与边缘的关系，而士绅阶层则是沟通中心与边缘的纽带。国家政权对乡村的管控在很大程度上取决于国家与士绅、士绅与农民的相互关系及主体间的磨合程度。我国地域广阔，加上自给自足的自然经济，使得广大乡村可脱离国家政权中心而存在。正因为此，自晚清启动现代化进程以来，绿色乡村往往会脱离政权管控，成为近一个世纪来社会动荡的温床。为推动乡村治理格局现代转型，国家政权一直强化向农村社会的渗透，并重构乡村治理体系。

为加强中央对地方的控制，中国共产党从革命战争年代就非常重视与广大农民的关系。不仅建立属于工人、农民、红军士兵及一切劳苦民众的苏维埃政权，还成立形式多样、职责各异的农民组织，把众多分散的农民个体团结起来，将党与农民群众紧密联系起来，既减少了革命动员的阻力，也构建起农村权力体系以外的基层组织体系，为构建以基层党组织为依托的新权力格局打下了良好的群众基础。[①] 新中国成立后，国家推动土地改革运动，摧毁了旧的经济基础，使广大贫苦农民获得了他们渴望已久的土地和其他生产资料。经济利益的一致性将他们与新生的政权紧密联系在一起，从而使之成为中国共产党的坚决支持者和最有力的拥护者。不仅如此，中国共产党还以制度化的形式将国家权力延伸到乡村。一方面将贫下中农积极分子作为基层组织骨干，让这些乡村政治精英取代传统的士绅，使之成为国家政权在基层的治理者和代表人；另一方面则将大批的党员安排进乡村基层政权，通过发挥他们的先锋模范作用，引导农民建设乡村，推动乡村治理融入社会主义轨道。在这一过程中，中国共产党一直非常重视试点探索，并将其作为重要的工作方式方法来对待。

第一，政策试验是推动政策扩散的重要机制。

政策试验始发于 20 世纪 20—30 年代我国土地革命时期土地改革的实践。

---

① 刘彤，等. 新中国成立前中国共产党对农村治理的初步探索 [J]. 东北师大学报，2017（1）：37-41.

在土地改革过程中，因没有经验可循，大家经常意见不一，面对不同情况如何实施土改，推动革命发展，毛泽东等老一辈革命家只好自己摸索方法，试验探索成为重要的工作方法。在遵循一般和个别相结合、领导和群众相结合方法的基础上，对各地区进行广泛调查研究，随后挑选出适合试验条件的地区，派遣骨干进行试点试验，如井冈山、闽西南地区的土改就是利用试点方法来进行的。正如毛泽东同志所说的，"深入实施，突破一点，取得经验，然后利用这种经验去指导其他单位"。① 正是在党的正确方法指引下，随着土地改革试验数量的增加，党总结出一套土改政策试验的工作流程：调查—试点—汇报—检验，即全面调查研究不同地区的情况，筛选合适的地区进行试点，派遣工作组进行试点改革，定期向上级汇报成果，最后派调查组检查试验成果。② 实践证明，这套政策试验的工作方法在土改工作中是行之有效的。试验的工作方法在推进土改工作的同时，还为之后中国共产党制定有关的土地改革政策积累了初步的经验，并逐步成为党的重要工作方法之一。

延安时期，由于处于革命战争年代，不少干部既缺乏工作上的具体指导，还缺少工作经验，许多事情只能"干了再说"，于是在"干中学习"和在"学习中干"③ 的试验成为重要的工作方法选择。这一新的工作方法不仅得到中央的鼓励，还逐步上升到中国共产党推进工作的方法论和认识论高度。毛泽东同志多次强调，一般和个别相结合、领导和群众相结合是共产党人进行工作的重要方法，领导必须深入实施，突破一点，取得经验。其中取得经验的重要途径就是向下级个别单位的个别人员、个别事件取得具体经验。个别事件的经验就是政策试验、试点，通过个别试点经验，再总结出一般的规律，再来指导实践。总之，只有掌握具体经验和了解具体实践，才能向单位作普遍的指导，实现从个别向一般的转化。

解放战争时期，产生于土改实践中的政策试验工作方法开始被大量用于党在解放区的土地改革工作中。毛泽东同志在关于领导方法的讲话中多次强调："不要全面动手，而应选择强的干部在若干地点先做，取得经验，逐步推广，波浪式地向前发展。在整个战略区是如此，在一个县内也是如此。"④ 通过"试点—总结经验—逐步推广"这一方法，解放区土地改革政策得到较快的发展和较好的实施。与此同时，这一时期政策试验凭借"以点带面""逐步推广"的优势，推动多项政策稳健地实施，政策试验作为党的一种领导和工作的方法

① 毛泽东.毛泽东选集：第三卷［M］.北京：人民出版社，1991：897.
② 周望.中国"政策试点"：起源与轨迹［J］.福州党校学报，2014（2）：27-31.
③ 中国抗日战争史学会，中国人民抗日战争纪念馆.抗战时期的陕甘宁边区［M］.北京：北京出版社，1995：704.
④ 毛泽东.毛泽东选集：第四卷［M］.北京：人民出版社，1991：1284.

在更广阔的地域得到了应用。中央也开始将政策试验作为推动全局工作的一种有效的工作方法来对待。由此，政策试验升华为一种普适性较强的工作方法，由试验到采纳也顺理成章成为推动工作的重要机制。

第二，农村改革试验成为党内领导人推动农村改革政策扩散的主要共识。

新中国成立初期，土地制度、基层治理结构等都无法适应经济社会发展，农村改革迫在眉睫。农村改革既要顺应当时的生产力发展要求和农民的迫切期盼，又要避免改革过于急切而造成社会动荡。但是，我国农村改革缺乏现成经验，农村改革之路怎么走，哪些是可行的，哪些是不可行的，没有可供参考借鉴的经验样板。所以，农村改革试验成为当时党探索农村改革发展道路的主要路子，并且成为党内领导人的主要共识。

在农村改革伊始，中央让各地根据实际情况开展探索性试验。如在农村合作社的建设中，毛泽东非常强调改革试验的作用，他指出：各级农村工作部要把互助合作这件事看作极其重要的事。在农村合作社的农村改革试点上，他鼓励老区多发展农村合作社，新区根据实际情况慢慢来。他提议："老区应当多发展一些，有些新区可能会比有些老区发展得快""新区慢慢来，一般可以这样讲，但有些地方干部强，人口集中，地势平坦，搞了好几个典型，可能一下子就较快地发展起来"。[①] 1958 年 4 月 15 日，毛泽东在《介绍一个合作社》中对苦战两年改变了面貌的河南封丘县应举农业生产合作社给予肯定。[②] 正是党的领导人对农业生产合作社的重视，农业生产合作社才得到更多的宣传推广。通过鼓励老区多发展农村合作社以及新区试验带动，农村合作社逐步发展起来。

农村土地改革中的政策试验也得到了党和国家其他领导人的重视。1950年 6 月 14 日，刘少奇同志在《关于土地改革的报告》中指出："在普遍进行土地改革之前，县以上的领导机关应在少数区乡进行典型试验，以便取得成熟的经验，作为训练干部和指导土地改革之用。"[③] 刘少奇同志土改典型试验的工作方法得到全党高度认可。周恩来总理在中国人民政治协商会议第一届全国委员会第三次会议中高度评价了这一工作方法。他指出，刘少奇同志倡导的"典型试验、重点突破、由点到面、点面结合、稳步开展"的工作方针，有利于及时发现问题、解决问题，极大地推动了土改运动的健全发展。陈云同志也强调

---

① 毛泽东. 关于农村互助合作的两次谈话 [M] //中共中央文献研究室. 建国以来重要文献选编（第 4 册）. 北京：中央文献出版社，2011：406.

② 毛泽东. 介绍一个合作社 [M] //中共中央文献研究室. 建国以来重要文献选编（第 11 册）. 北京：中央文献出版社，2011：238 - 239.

③ 刘少奇. 关于土地改革问题的报告 [M] //刘少奇选集（下卷）. 北京：人民出版社，1950：14.

农村应根据实际多试验、多探索，"一件工作的改革，要先进行试验，不能一下就铺开来搞。搞试验要敢想、敢说、敢做，但在具体做时，必须从实际出发，摸着石头过河。要把试验和推广分开，推广必须是成熟的东西，未成熟之前不能大干"。①

总之，试验已成为党和国家领导人对农村改革的共识。政策试验不仅运用在当时土改工作中，也被运用在农村改革的其他工作中，并且成为推动农村工作的重要机制。农村改革试验可探索、可试错的观点，保证了农村改革过程的稳定性，有利于当时农村环境下对农村建设道路的探索和农村建设经验的积累。正如刘少奇在 1962 年 1 月 27 日的《在扩大的中央工作会议上的讲话》中强调的："我们应该学会自己走路，应该根据中国的特点，采取适合中国情况的方法来进行建设。"适合我国情况的方法即政策试验法，农村的改革试验适应我国国情，是一条不同于其他国家的具有中国特色的改革路线，凸显了中国特色。

3.2 改革开放前后乡村治理政策创新扩散

新中国成立后，为改变传统中央对广阔乡村控制软弱的局面，中国共产党重构中央与地方乡村的关系，强化对社会尤其是对农村社会的整合。一方面，国家通过建立基层政权，以制度化的形式将国家权力延伸到乡村，另一方面，国家将贫下中农积极分子作为乡村政治精英取代传统的士绅，使之成为国家政权在基层的拥护者，并通过党组织和党员的先锋模范作用来强化乡村政权的稳定性。与此同时，为保障粮食正常供应，国家在"粮食统购统销"体制的基础上，将基层政权组织与作为农业集体经济组织的合作社合并，以消除基层政权与农业集体经济组织间的矛盾，政社合一的人民公社应运而生。② 人民公社包含了公社、大队和生产队三个层面，公社运行中党政不分、政企合一，带有强烈的总体性特征，③ 成为乡村治理最主要制度安排。这一制度安排在提升对乡村动员和控制的同时，也摧毁了乡村社会传统的"权力的文化网络"。④ 随着国家经济社会变化和家庭联产承包责任制逐步推进，传统政社合一的人民公社也逐步解体。到改革开放初期，由农民自发创造出来的自治逐步取代人民公社成为乡村治理的制度安排。

农村改革创新一直是中国政策过程的重要内容，从一开始就受到了广泛关

---

① 中共中央文献研究室. 陈云年谱（下卷）[M]. 北京：中央文献出版社，2000：69.
② 王立胜. 人民公社化运动与中国农村社会基础再造 [J]. 中共党史研究，2007（3）：28 - 33.
③ 张乐天. 论人民公社制度及其研究 [J]. 华东理工大学学报（文科版），1996（3）：23 - 30.
④ 吴理财. 村民自治与国家政权建设 [J]. 学习与探索，2002（1）：24 - 29.

注。虽然社会各界对村民自治充满了许多的争议，但随着乡村治理实践的发展，村民自治意味着基层民主的希望变成乡村最闪亮的风景线，地方创新实践以及政策扩散带来了中国乡村治理改革的成功。①

第一，以村民自治为代表的乡村治理创新来源农民自发创新。在封建帝国时代，"皇权不下县"是中国乡村治理结构的核心制度安排，而士绅阶层成为连接国家中央政权与基层乡村的纽带。通过士绅阶层参与乡村社会治理，将国家治理与乡村自治有效结合起来，在确保对村庄进行有效管理的同时，也带来了村庄脱离政府控制的风险。因此，自清末现代化开始以来的近一个世纪，绿色乡村一直是社会矛盾、斗争和动荡的温床。中华人民共和国成立后，为改变传统的中央政府对农村地区治理无力的局面，中国共产党重构了中央政府与农村地区的关系，并加强了社会，特别是农村社会的整合。国家建立乡与行政村等农村基层政权组织，并通过以贫下中农积极分子为骨干的乡村政治精英取代传统的士绅。到了19世纪70—80年代，随着人民公社的废除，农村出现了权力真空，在新秩序尚未建立的背景下，需要相关组织来填补权力真空，以维持农村社会秩序。因此，1981年，第一个村民委员会在广西宜州的合寨村成立。"乡村委员会（简称村委会）是在农村经济体制改革导致一些地方的基层权力瘫痪后，出于维护社会治安的需要，人民自发成立的组织。"② 农民的这种自我组织迅速扩散到其他地区。农民的自发行动和以村民自治为代表的乡村治理开启了新篇章。

第二，农民的自发创新通过滚雪球的方式确立了村民自治的法律地位。废除人民公社制度后，大部分地区的基层组织出现了大面积的瘫痪，生产队的解散使得干部权力不明确，提供的服务也比过去少，许多村民开始觉得当地的干部没有存在的必要，干部与村民之间的关系让人感觉非常不乐观。③ 由于农村地区没有强力权力机构，干群关系紧张，中央政策执行不力，公共服务显著不足，基层政权面临着越来越多的治理危机。为了恢复基层政治和农村组织，维持农村稳定，国家必须恢复在农村地区的基层政权的权力和合法性。④ 因此，从这个意义上讲，村民委员会等乡村治理组织的出现不仅源于农民对自治的需求，而且源于政府整合农村地区的需求。因此，有学者认为，20世纪80年代

---

① KELLIHER D. The Chinese Debate Over Village Self - Government [J]. The China Journal，1997（37）：63 - 86.

② 沈延生. 村政的兴衰与重建 [J]. 战略与管理，1998（6）：1 - 34.

③ O'BRIEN K. Implementing Political Reform in China's Villages [J]. Australian Journal of Chinese Affairs，1994（32）：33 - 59.

④ WANG X. Mutual Empowerment of State and Peasantry：Grassroots Democracy in Rural China [J]. World Development，1997，25（9）：1431 - 1442.

末对农村基层民主的需求来自上层，而不是下层，中国领导人希望新成立的村民委员会能够填补因农村集体合作破裂而造成的空白，展现出领导人对恢复农村地区的有效治理的决心。① 面对政治真空，农民自发成立了村民委员会，以维护社会秩序，调解内部纠纷和管理公共事务。当地方创新时，专业立法机构和决策部门会从地方政策试验中学习，利益团体可以利用地方榜样来鼓励其他地方的改革。当许多的地方承认和采纳了创新，中央政府最终将认可地方的政策改革。② 正如欧博文所讲，当一些广西村民决定在 1980 年底至 1981 年初选出村委会领导时，没有村民想到自己正在开启历史性的改革。在经过多次争议和二十年不平衡的实施之后，最初将村委会作为填补政治真空的权宜之计，现在却被载入国家法律。③ 在农民的自发创新和政府治理的需要下，中央最后采纳了这种新的基层政治制度。1982 年《宪法》明确了村民委员会作为基层自治行政组织的法律地位。④ 这意味着当地方创新扩散到许多地方时，它就像滚雪球一样最终推动中央政府认可或完全接受地方创新，从而实现自上而下的扩散。

第三，政策试验已成为实践村民自治的主要途径。农民通过村民委员会进行民主选举、民主决策、民主管理和民主监督，政府通过村民自治有效地推动基层秩序发展。村民自治是国家与农民之间的双向授权过程，通过基层选举机制和村民委员会自治，农民的需求与国家权力联系在一起。虽然《宪法》规定村民委员会是基层群众自治组织，但如何保护农民依法举行民主选举、民主决策、民主治理和民主监督的权利，需要构建相关的组织法和治理体制框架。时任全国人大常委会委员长的彭真赞扬村委会是发展基层民主的最好载体，同时他也鼓励各个省份进行村委会选举试验，他指出："如何处理村委会和居委会，包括与基层政府的关系，可以根据实际情况以多种方式检验。一旦经验成熟，将对居委会的规定进行比较研究和修改，以制定村委会的规定。"⑤ 作为实施措施的一部分，中共中央有关文件明确规定："每个县都要选出几个或十几个村，开展村民自治示范活动，摸索经验，树立典型。"政策试验、典型示范等成为贯彻实施村民自治的主要方式。

① MANION. The Electoral Connection in Chinese Countryside [J]. American Political Science Review，1996，90 (4)：736 - 748.

② SHIPAN C R，VOLDEN C. Bottom - up Federalism：The Diffusion of Antismoking Policies from U. S. Cities to States [J]. American Journal of Political Science，2006，50 (4)：825 - 843.

③ O'BRIEN K，LI L J. Accommodating 'Democracy' in a One - Party - State：Introducing Village Elections in China [J]. The China Quarterly，2000 (162)：465 - 489.

④ WANG X. Mutual Empowerment of State and Peasantry：Grassroots Democracy in Rural China [J]. World Development，1997，25 (9)：1431 - 1442.

⑤ 彭真. 彭真文选（一九四一——一九九〇年）[M]. 北京：人民出版社，1991：431.

3.3 新时代乡村治理政策创新扩散

"农村兴，天下兴"，乡村的稳定与发展直接关乎社会的和谐稳定，乡村治理是国家治理的基石，乡村的有效治理是乡村全面振兴的保障。党的十八大以来，按照中央指示和要求，全国许多地方积极探索乡村治理创新。如民政部从2012年开始在全国启动了社区治理和服务创新实验区，如安徽省铜陵市铜官山区社区综合体制改革实践探索等，到2020年，民政部先后四次批复确认全国社区治理和服务创新实验区共114个。农业农村部在2011年、2014年先后确定了58个农村改革试验区，承担了226批次改革试验任务，形成了北京市平谷区的"一声哨响，吹出乡村治理良方"、天津市北辰区的"走好全域网格'五步诀'打造乡村治理新格局"等全国乡村治理典型案例。

第一，近十年乡村治理创新情况。

不断加快和创新乡村治理的新模式，让农村充满活力、和谐有序、治理有效。这既是实现乡村善治的现实需求，也是推动国家治理体系和治理能力现代化的基础。习近平总书记曾明确提出：基层历来是民主政治的发源地和试验田。传统的乡村治理体系已不合时宜，急需构建新的乡村治理体系。乡村治理是国家治理的基石，在新的发展阶段下，推进乡村治理是贯彻党的十九届四中全会精神、推进国家治理体系和治理能力现代化的重要组成部分，是提升国家治理效能、落实"十四五"时期我国经济社会发展目标的重要举措。近年来，各地按照习近平总书记重要指示精神，推动乡村治理创新。

从表3-1可知，近十年来在基层治理创新方面的政策以及试点项目发布主体多为农业农村部和民政部，在涉及农村改革方面多为农业农村部以及财政部—国务院农村综合改革工作小组办公室。在基层治理创新中，民政部发布的试点经验以及项目有205个，占近十年所统计数目的39%；农业农村部有322个，占61%。民政部的创新试点主要集中在构建共建共享的街道社会治理新机制、社区综合体制改革、社区信息化建设、街道服务管理创新以及乡镇政府服务能力建设等社区治理和服务创新方面。农业农村部的创新试点主要集中在乡村治理体系的构建以及乡风文明建设等乡村治理方面。

在农村改革中，农业农村部发布的试点经验以及项目有357个，占近十年所统计数目的89%；财政部—国务院农村综合改革工作小组有46个，占11%。其中农业农村部的改革试点主要集中在农村集体资产股份权制度建设、农村集体产权制度改革以及农业可持续发展等方面，财政部—国务院农村综合改革工作小组办公室的改革试点主要集中在农村服务机制创新、乡村治理机制完善、村集体经济发展机制健全、农村生态文明机制建立等农村综合性改革方面。

表 3 - 1　近十年乡村治理相关情况

部门	类型	时间	农村改革试验区或试点项目及试点数量	乡村治理试点任务及经验
民政部	基层治理创新	2011—2019 年	四批共 114 个全国社区治理和服务创新实验区	破解社区治理体制机制难题、增强社区自治和服务功能、为社区治理创新提供样板
		2014—2016 年	55 个中国社区治理创新经验和提名成果	2013 年：搭建社区协同共治平台、创新社区服务体制 2014 年：政府治理和社会自我调节、居民自治良性互动、"三社联动"机制建设 2015 年：搭建社区服务平台、发挥多元主体作用、健全社区协商机制
		2017—2021 年	杭州市拱墅区、深圳市盐田区、柳州市柳南区、成都市温江区 4 个全国街道服务管理创新实验区	简约高效的街道管理体制、行政执行能力、为民服务能力、议事协商能力、应急处置能力、平安建设能力等
		2019—2020 年	两批共 32 个全国乡镇政府服务能力建设典型经验	乡镇政府服务能力机制创新、职能转变、公共服务资源配置农业农村部
农业农村部	农村改革	2011—2014 年	58 个农村改革试验区	创新农村土地优化配置和维护农民土地权益的体制机制，探索农村集体资产明晰产权和运营管理的规范路径，提升农村金融服务水平的体制机制，推进城乡发展一体化
		2015 年	29 个省（区、市）的 29 个县（市、区）开展农村集体资产股份权能改革试点	开展清产核资工作、开展集体成员身份确认、开展集体经营性资产确权、赋予集体资产股份权能
		2017—2022 年	三批共 130 个国家农业可持续发展试验示范区（农业绿色发展先行区）	农业资源利用集约化、农业投入品减量化、农业废弃物资源化、农业产业链低碳循环化，健全农业绿色发展支撑体系，示范引领农业绿色发展
		2019—2021 年	三批 140 个全国农村集体产权制度改革试点典型经验	2019 年基本完成农村集体资产清产核资，2021 年基本完成经营性资产清产核资，旨在清晰农村集体资产产权归属、明确权责以及严格保护产权权属等

（续）

部门	类型	时间	农村改革试验区或试点项目及试点数量	乡村治理试点任务及经验
农业农村部	基层治理创新	2019 年	115 个乡村治理体系建设试点县（市、区）	探索共建共治共享的治理体制；探索乡村治理与经济社会协调发展的机制；探索完善乡村治理的组织体系；探索党组织领导的自治法治德治相结合的路径；完善基层治理方式；创新村民议事协商形式；创新现代乡村治理手段
		2019—2022 年	四批共 123 个全国乡村治理典型案例	强化党组织领导；健全治理体系；创新乡村治理方式；解决突出问题等
		2020—2022 年	84 个全国村级"乡风文明建设"优秀典型案例	加强党建引领，发挥村规民约、乡村文化、家风家教、道德约束作用
财政部—国务院农改办	农村改革	2012—2013 年	14 个农村综合改革示范试点	农村公共服务运行维护机制建设、农村产权制度改革、构建新型农业社会化服务体系和推进城镇化
		2017 年	19 个农村综合性改革试点试验地区	完善乡村治理机制、健全村集体经济发展机制、构建农民持续增收机制、建立农村生态文明机制
		2022 年	13 个农村综合性改革试点试验	创新富民乡村产业发展机制；创新数字乡村发展机制；创新乡村人才振兴机制；创新乡村治理机制

近十年来对于乡村治理体系的建设重点在于完善基层治理方式、探索共建共治共享治理体制、创新村民议事协商形式这三个方面，分别占 24.23％、19.18％、19.18％，其次是完善乡村治理组织体系和创新现代治理手段，占比约为 18.17％、11.10％；在乡村治理与经济社会协调发展机制、村级权力监管机制、平安乡村建设等方面的探索仍有待继续加强（图 3-1）。

第二，近十年乡村治理创新扩散情况。

近十年来，在中央顶层设计下，全国许多地方围绕乡村治理进行试验区建设，取得良好成果。同时，许多地方进行自主探索，部分成果被中央或上级部门吸收成政策的重要组成部分，形成自下而上"吸纳—推广"，如"三治融合"、积分制等。还有一些在政策试点中通过自上而下的行政命令，由中央向地方全面推广扩散，如农村宅基地"三权分置"，或者被周边地区所借鉴采纳，

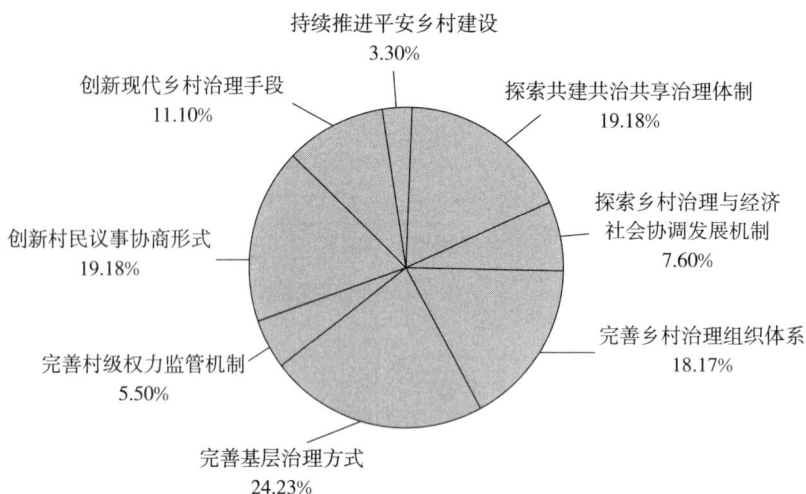

图 3-1　近十年乡村治理体系建设各方面内容占比

实现政策的横向扩散（表 3-2）。

表 3-2　近十年我国乡村治理政策创新扩散的部分情况

扩散类型	自下而上的自主探索	自上而下的地方试点—扩散
典型案例	广东清远三个重心下移 浙江象山村民说事："三治融合"乡村治理体系 浙江桐乡"三治融合"探索 安徽省金寨县乡村治理积分制 浙江安吉美丽乡村政策 广东惠州一村一个法律顾问	广东清远村民自治单元改革 浙江义乌探索农村宅基地"三权分置" 上海农村集体产权股份合作制改革 广东南海"政经分开"改革 云南开远双向自由流动户籍管理新机制 贵州六盘水农村三变改革

从时间维度上来看，我国乡村治理政策创新扩散在时间维度上多呈现出近似 S 形曲线分布，经历了政策创新初创期、政策创新快速扩散期、政策创新缓慢减退期等几个阶段。从空间上来看，我国乡村治理政策创新扩散在空间维度上多呈现从创新区向周边扩散的过程，一旦政策得到中央政府倡导，会出现政策快速扩散、政策爆发的样态。

4 乡村治理政策创新扩散的机制与路径

对于政策扩散，人们时常会问是什么激励政府采取新政策，政府行为背后的逻辑是什么？这就是我们常说的政策扩散的机制。

4.1 政策创新扩散机制

通常认为，政策创新有四种扩散机制：学习、竞争、模仿和强制，虽然也有学者认为还有社会化这一机制，但大部分学者都认可前述四种扩散机制。

4.1.1 政策学习

治理政策学习可以定义为"基于原有政策和新知识，通过有意识地调整政策目标或实施手段以更好地实现治理的最终目标"。[①] 政策学习已成为政策创新从一个地区扩散到另一个地区的主要机制之一。早期研究发现公共政策经常在地区间扩散，当政策在地区间扩散时，人们有理由相信各地必须在采纳政策之前了解相邻地区的政策。在随后的几十年中，学者们耗费了大量的时间和精力来完善政策学习的概念。他们调查了信息可能从一个地区扩散到另一个地区的机制，例如通过利益集团和专业网络；研究了最有可能相互学习的地区，并得出结论：相似的意识形态和地理环境可以成为学习行为的影响因素。沃克尔也强调，一个地方的决策者最有可能模仿"相似"地区的政策选择，并将这种相似性作为代表，利用地理上的连续性来解释政策在这种相似性环境中的扩散。此外，他还指出，各州会遵循联邦政府的政策示例，从而使得先前的一些地方创新得以在全国范围内扩散。

许多研究表明，内部特征（如意识形态、财富和创新）和外部因素（包括其他政府的行为尤其是地方政府的行为）都会影响政策扩散。决策者通过对其他政府政策的采纳过程进行学习并观察政策的影响，以获得经验。

在过去的几十年中，学者们发现了政策学习背后的因果机制。一是一些地

---

① HALL P A. Policy paradigms，social learning and the state [C]．A Paper Presented to the International Political Science Association，Washington D. C.，1988.

方会被视为"先驱"，其他地方则被视为"落后者"，落后者往往会关注先驱的政策，并会学习这些先驱推行的新政策。二是由于各地方对于政策的采纳时间大致呈单峰分布，随着时间的推移，政策采纳的累积数量将呈 S 形曲线。三是在地理位置上相邻的地区会采取类似的政策。如诗潘和沃尔登（Shipan&Volden）研究美国禁烟政策在各州扩散时发现，扩散不仅受州内部的因素影响，还受外部横向因素的影响，使政策由地方到州滚雪球式扩散成为可能。吸烟者的比例、政治意识形态等都会产生邻里扩散效应，一旦一个城市开始禁烟，这种氛围会向周边城市扩散，最后推动地方立法实现禁烟。四是具有相似人口特征、政治意识形态和其他特征，即使两个在地理位置上遥远的地方也会随着时间的推移采纳类似的政策。五是拥有强大的政策倡导者或其他政策企业家的地方将更有可能采用创新型政策，① 他们可能会将政策的广泛采纳，而且不随时间而放弃，解释为政策成功的证据。

首先，政策学习是学习成功经验的过程。贝瑞夫妇指出，决策者面临问题时，他们通常是寻找解决问题的替代政策，即选择在其他地方被证明是成功的政策。② 因为决策者和研究人员都很容易观察到政治和政策的成功，这意味着当一个政策被认为是成功的，那么其他地方更有可能采纳。例如，政策制定者可能会宣扬政策的广泛采纳，而不会随着时间的推移而放弃，作为政策成功的证据，或者至少作为维持政策支持的证据。反过来，如果政策难以被衡量成功，他们就会继续进行政策学习。③ 在政策学习的情况下，决策者认为他们理应采纳一项政策，该政策可以使他们达到实质性的政策目标，因为决策者是由政策成功驱动的。④

其次，政策学习也是吸取失败教训的过程。在任何一种政治环境中，扩散都是一个学习或模仿的过程。在这个过程中，决策者将其他城市、省甚至国家视为政策遵循或避免学习的对象。在这个技术快速变革和即时通信技术普及的时代，任何政策的现成状况都会对其他国家、地区采纳的可能性产生影响。⑤

① VOLDEN C，TING M M，CARPENTER D P. A Formal Model of Learning and Policy Diffusion [J]. The American Political Science Review，2008，102（3）：319 - 332.

② BERRY W D，BAYBECK B. Using Geographic Information Systems to Study Interstate Competition [J]. American Political Science Review，2005，99（4）：505 - 519.

③ SHIPAN C R，VOLDEN C. The Mechanisms of Policy Diffusion [J]. American Journal of Political Science，2008，52（4）：840 - 857.

④ DOUGLAS J W，RAUDLA R，HARTLEY R E. Shifting Constellations of Actors and Their Influence on Policy Diffusion：A Study of the Diffusion of Drug Courts [J]. The Policy Studies Journal，2015，43（4）：484 - 511.

⑤ KARCH A. Vertical Diffusion and the Policy - Making Process：The Politics of Embryonic Stem Cell Research [J]. Political Research Quarterly，2012，65（1）：48 - 61.

罗斯（Rose）说，吸取教训是一种特殊的学习方式，政策制定者可以从中学习其他人的经验和教训。面对相同的问题，一个城市和地区政府，甚至国家的政策制定者可以从其他地方的同行那里得到可参考的解决办法。更重要的是，他提出了政策制定者可以吸取经验教训的可能性，这将有助于他们更好地处理问题。① 沃尔登（Volden）也指出，避免政策失败的初衷使立法者和管理者都有动力去复制成功的政策。②

再次，政策学习是一个再理解的过程。任何对先前政策经验的观察都可以被视为是一个学习过程，但学习与复制或模仿行为无法完全被区分开来。学习意味着提高理解力，这可以从吸取有关政策的经验教训中得到体现。学习可以简单地判断一个特定的政策方案或一个特定的政策工具是否仍然比目前正在推广的政策方案更受欢迎。政策复制或模仿则指在没有这种理解的情况下采纳政策。政策学习不必局限于了解政策工具或干预措施，它可能会引发对政策问题或目标的新的理解。③

此外，政策学习存在着不同类型。工具型学习需要掌握有关政策学习的工具或实施设计的可行性经验，社会型学习需要了解有关政策问题的社会建构。萨巴蒂尔（Sabatier）基于此描述了"政策导向"的学习，即特定政策领域的不同倡导团体内部和跨越倡导团体进行学习是有差异的。④ 在萨巴蒂尔看来，政策导向的学习通常涉及：①通过一个人的信仰体系或者通过相互竞争的信仰体系来提高一个人对变量状态的理解；②完善一个人对信仰系统内部逻辑和因果关系的理解；③识别并回应一个人对信仰系统的挑战。⑤

最后，政策学习是改变主体对政策效果信念的过程。政策学习还可以被定义为政策制定者改变他们对政策效果信念的过程。⑥ 贝叶斯类比经常被用于政策学习的研究，并且有助于理解为什么他人的经验可能会在不同地区之间产生不同的影响。在贝叶斯问题中，政策制定者对政策有先入为主的理念，在观察其在其他地区的影响后对其进行更新，这导致了后验信念，并决定了决策者的

① RICHARD R. What is Lesson - Drawing [J]. Journal of Public Policy，1991 (11)：3 - 30.

② NICHOLSON - CROTTY S，CARLEY S. Effectiveness，Implementation，and Policy Diffusion：Or 'Can We Make That Work for Us?' [J]. State Politics & Policy Quarterly，2016，16 (1)：78 - 97.

③④ MAY P J. Policy Learning and Failure [J]. Journal of Public Policy，1992，12 (4)：331 - 354.

⑤ SABATIER P A. An Advocacy Coalition Framework of Policy Change and the Role of Policy - Oriented Learning Therein [J]. Policy Sciences，1988 (21)：129 - 168.

⑥ FRANK D，SIMMONS B，GARRETT G. The Global Diffusion of Public Policies：Social Construction，Coercion，Competition，or Learning? [J]. Annual Review of Sociology，2007 (33)：449 - 472.

选择。然而，新信息的重要性取决于先前的信念，不同的主体对某项政策的影响持有不同的信念，实践中主体对相关政策感知会影响其对政策的信念。① 所有的决策者都不可能对新的信息同样敏感，决策者的思想以及有关政策有效性的先前信念能对决策者产生影响，并形成决策者对来自别人经验的不同反应，政策制定者从中学习包括政策变化的影响以及改革的政治后果。②

政策学习是一个特别难以捉摸的论点，即它要考虑到其他人的经验，因为他人经验提供了有关政策选择可能后果的有用信息。同时，所有政策制定者对关于政策变化可能产生的影响以及相关结果包括改革政策和政治后果的新信息并不具有同样的敏感性。此外，对相同信息差异化的反应和追求多重目标竞合时，政策制定者会进行权衡。政策学习有两个维度的结果，一个维度是政策目标的良好结果，而另一个维度是政治环境的坏结果，如何决策取决于决策者对不同维度目标的权衡。决策者的偏好和先前的信念可能影响决策者成功的经验，甚至可能决定政策或政治成果是否被优先考虑。这就意味着，政策与选举目标之间的权衡可能会影响政策制定者如何学习，而优先考虑哪个目标可能取决于政策制定者的先前信念和所处的位置。③

总之，这些发现有助于解释为什么许多的研究没有令人信服的证据证明政策学习是政策扩散的一个重要驱动因素：因为学习过程比人们理解的假设要复杂得多。研究这种基于学习的扩散在很大程度上具有非常重要的理论和实践意义。如果学习对于政策选择至关重要，那么仅仅关注政府内部政治的研究将会对政策制定产生不准确的评估。但是，如果从别人那里学习的东西有限，那么研究政治制度的内部运作可能比在政府环境下考察政府学习的情况更有价值。当然，揭示学习型政策扩散的程度也具有重要意义。例如，联邦制下的权力下放往往是基于这样一种观点，即地方可以作为政策实验室，试验各种替代方案，放弃失败的政策，采取其他地方发现的成功政策。如果这种学习和扩散产生的效果相当有限的话，那么权力下放的基石也就不复存在。④

4.1.2　竞争

各地区政府间不仅相互学习，也相互竞争。政府之间在税基、旅游收入和营商环境上的竞争非常普遍，一方面这种竞争可能是良性的，因为政府决策会受市场规律的约束；另一方面，这种竞争可能是恶性的，并会导致营商环境竞

①②③　GILARDI F. Who Learns from What in Policy Diffusion Processes? [J]. American Journal of Political Science，2010，54（3）：650-666.
④　VOLDEN C，TING M M，CARPENTER D P. A Formal Model of Learning and Policy Diffusion [J]. The American Political Science Review，2008，102（3）：319-332.

争而触碰到资源配置的底线。^① 尽管学习可以通过外部因素来促成政策在早期被采纳，但是竞争往往是政府之间强有力的、持续的战略互动^②，并且是更具优势的一种形式。

贝瑞夫妇认为，政策学习可以逐渐在整个地区进行，而经济竞争通常发生在相邻的政府之间。经济竞争可能导致跨辖区的经济溢出效应的扩散，决策者在这种情况下要考虑其他政府采纳（或不采纳）政策的经济影响。一方面，如果存在消极的经济溢出效应，采纳相邻地区没有推进的政策，政府就会遭受损失，那么政策本身也就不太可能实行；另一方面，如果存在积极的经济溢出效应，比如建立统一的基础设施，那么政府就有可能采纳其他政府的政策。当不同地方为吸引或保留资源而作出反应或相互预测时，就会发生竞争。税收竞争就是典型的例子，在经济政策的许多其他领域，例如在资本账户和汇率政策中，也可以找到竞争态势。^③

总之，通过经济力量实行的政策扩散是由临近政府之间为了商业和税收而进行的竞争所推动的。各地政府通过提供不同的税收、支出政策和公共政策组合来吸引常住居民。然而，不同的政策可能会因经济竞争而产生不同的扩散模式。福利政策扩散源于不断削减的福利优惠减弱了地方对受益者的吸引力，同时，刺激政府加剧与相邻地区政府在商业和税收方面的竞争，则可能推动类似于提供财政资源（如采纳博彩业）政策的扩散。^④ 财政压力尤其是税收收入的减少和短期债务的增加，在其中起到了重要的作用。在早期美国的彩票法案扩散中，税收竞争就是一个因素。当决策者可能获得更多关于相邻地区政策创新或扩张后果的具体信息时，直接衡量与一个地区的经济利益相关联的彩票收益可能是有用的。^⑤ 也就是说，一个地方政府的决策受到邻州和全国其他州行为的影响。一个地方政府的人口特征也会影响彩票引进。更宽泛地说，财政、经济、人口，特别是政治因素在国家财政收入中都具有重要作用。财政压力在地方彩票早期的引进中发挥了重要的作用，但是这种影响力近年来有所下降。相

① VOLDEN C. The Politics of Competitive Federalism：A Race to the Bottom in Welfare Benefits？[J]. American Journal of Political Science，2002（46）：352 - 363.

② BAYBECK B，BERRY W D，SIEGEL D A. A Strategic Theory of Policy Diffusion via Intergovernmental Competition [J]. Journal of Politics，2011，73（1）：232 - 247.

③ SIMMONS B A，ELKINS Z. The Globalization of Liberalization：Policy Diffusionin the International Political Economy [J]. American Political Science Review，2004，98（1）：171 - 189.

④⑤ BOEHMKE F J，WITMER R. Disentangling Diffusion：The Effects of Social Learning and Economic Competition on State Policy Innovation and Expansion [J]. Political Research Quarterly，2004，57（1）：39 - 51.

反，现如今政治考量和对相邻地方政府的模仿行为似乎成了主要因素。①

在相互竞争依存的情况下，政府采取有策略的行动来吸引经济投资，这种相互依赖的结构是囚徒困境的结构：合作可能会导致政府采纳使所有情况变得更好的监管政策，但只有一个持续的诱因会使政府采取政策——改善自己的处境。因为政策选择为处于同一竞争领域的政府带来了外部性。例如，如果政府决定降低企业税来吸引投资，就会激励其他政府也这样做。另外，在相互依赖的合作中，兼容政策可以为决策者带来好处，这就激励了决策者选择其他人选择的政策。②

这种政府间的竞争在我国同样也出现过。中央政府除了实行统一管理外，也给予地方一定的行政分权和财政分权，即地方拥有一定程度的经济管理自主权和一定比例的税收留存，分权提高了地方的积极性。分权一方面限制了中央政府对地方经济的完全控制，另一方面，中央对地方政府也设置约束条件，通过在地区之间引入竞争机制，促进地方政府发展经济。③ 区域竞争的实质是GDP竞争：GDP增长不仅为当地创造了更多的财政收入，而且在权力下放体制下，由于区域发展情况与政府官员的晋升息息相关，不同区域之间的锦标赛式竞赛也为地方当局的创新和改革提供了动力。④ 这种地方改革创新是一种不完全契约，在改革不确定背景下，所有利益相关者只能以试探性探索，等待情况变得清晰，然后再谈判和分配利益。如果地方政策试验的创新得到上级认可，其政策试验则会被上一级政府甚至国家在更大范围内推广，中央和地方共享改革成果。而一旦失利，风险自负。⑤ 实践中，我们会发现在地方竞争中，一些政府官员会有意识地创新或采纳其他地区创新的政策，同时也会采纳自己在其他地方曾经实施过的政策，官员异地交流带来"自我学习"效应，从而带来政策的扩散。⑥

---

① ALM J，MCKEE M，SKIDMORE M. Fiscal Pressure，Tax Competition，and the Introduction of State Lotteries [J]. National Tax Journal，1993，46（4）：463 - 476.

② BRAUN D，GILARDI F. Taking 'Galton's Problem' Seriously Towards a Theory of Policy Diffusion [J]. Journal of Theoretical Politics，2006，18（3）：298 - 322.

③ MONTINOLA G，QIAN Y Y，BERRY W. Federalism，Chinese Style：The Political Basis for Economic Success in China [J]. World Politics 1995，48（1）：50 - 81.

④ XU C G. The Fundamental Institutions of China's Reforms and Development [J]. Journal of Economic Literature，2011，49（4）：1076 - 1151.

⑤ 聂辉华. 对中国深层次改革的思考：不完全契约的视角 [J]. 国际经济评论，2011（1）：129 - 140.

⑥ 张克. 地方主官异地交流与政策扩散：以"多规合一"改革为例 [J]. 公共行政评论，2015，8（3）：79 - 102.

4.1.3 模仿

实践中，一些扩散机制是短期行为，而另一些扩散机制有较长时间的持续效应。在学习机制中，我们期望会发现模仿。当一个城市模仿另一个城市时，政策扩散的速度就会变快，因为模仿城市的政策制定者模仿先驱城市行动，以便看起来像那些先驱。模仿行为实施时不用关心政策的影响，因此决策者对政策采纳的反应应该是即时的。如果回应不是很快，那么随着时间的推移，决策者将决定是否模仿另一种行动。

模仿主要表现为参与者简单地复制他人的创新模式以提高政策选择的合法性，关注的是其他政府，着眼于模仿其他政府的行动和表象。例如，当一个被广泛接受和认可的规则或政策与决策者初衷不符时，决策者往往会满足于对这种政策的一致性评价，希望可以增加其社会认同度。① 模仿机制在运行时强调的是实施对象，如欠发达地区对发达地区的有意模仿，而不关注政策的实际效果和内容。一个国家内各个地区的经济和社会发展状况往往存在差异，相对落后的地区政府往往不假思索地模仿发达地区的政策，具有相似政治、经济、文化特征和意识形态的地区也容易相互模仿。②

一般而言，模仿意味着复制他人的模型，而不是创造新的想法。因此，模仿通常没有考虑到政策实行是否可以有效地解决地区实际问题以及政策是否与当地实际情况相匹配，而是一种避免指责的象征性行为或可视为决策者的工具。③ 与模仿不同的是，另外两种政策横向扩散机制——学习和竞争应该表现出较长期的影响。首先，政策学习的持续时间长。如果政策制定者只关心如何通过公共政策制定流程来实现政策的采纳，那么所有的政策特性都会在政策采纳时显示出来。但是，如果政策制定者有兴趣了解政策采纳的政治和政策后果，那么评估某一特定政策的有效性可能需要几个月或几年的时间。无论学到什么内容，学习的效果都不会很快消退。因此，政策效果可能在相当长的一段时间内与政策制定者的决策有效性保持相关。其次，经济竞争也会表现出长期效应。如果政府担心另一个政府由于政策的经济溢出效应造成的竞争，只要政策实施到位，竞争压力就会持续下去。总而言之，模仿的时间效应不同于学习和竞争。

对于模仿，我们会期望一个显著的初始效果，然后随着时间的推移而消

---

① ③ 杨代福，刘新. 美国社会治理创新扩散：特征、机制及对中国的启示 [J]. 地方治理研究，2018 (1)：49 - 64，80.

② 张克. 西方公共政策创新扩散：理论谱系与方法演进 [J]. 国外理论动态，2017 (4)：35 - 44.

失。对于其他横向机制，我们应该期待未来的持续效果，例如，在其他城市采取政策之后的两三年内，一个城市将继续向其他城市学习。模仿的效果随着时间推移而消失，而学习和竞争的效果更持久。不仅如此，扩散机制在大城市扮演的角色不同于小城市。与小城市相比，大城市同样容易受到来自上级政府的强制性政令制约，但他们更倾向于从别人那里学习、试验，不太可能仅仅模仿其他政策，或者被潜在的经济竞争威胁所吓倒。[①]

4.1.4 强制

严格地说，强制不是一种扩散机制，因为它强调自上而下的压力，而不是横向的相互依赖。我们选择将强制作为扩散机制来讨论，因为强制通常包含在扩散理论研究范畴[②]。

强制也涉及更大程度的相互作用，这是一些决策者试图将自己喜欢的解决方案强加给特定政府的过程。强制可以垂直或水平作用。在垂直强制的情况下，不管是正在考虑采纳政策的政府，还是已经对政策采取行动的政府，都可以被强迫指定为政策采纳者。以这种方式行事时，强制行为者可以依靠政府间的补助金、条例和中央政府先发制人的政策等机制。[③] 不对称的力量可能是政策扩散过程中强制机制出现的一个重要原因，例如，包括强大的国家或国际组织在内的外部行为者可能会影响较弱的国家，他们通过制裁等措施使其他国家采取某些政策，或者通过网络联系，使得一个政策领域内的行为影响另一个领域的行为。[④] 中央政府可以在国家层面充当这一角色，而国际组织则可以在国际层面这样做，例如，欧盟就可以强制成员国选择紧缩政策。强制也可以在横向上完成，一个政府向目标政府施加压力，直到目标政府改变并采纳目标政策为止。

首先，强制会带来国际性政策的扩散。强制一般发生在国际贸易中，各国可以通过贸易惯例和经济制裁来胁迫对方。他们可以试图直接强迫他国，也可以通过联合国和国际货币基金组织这样的国际组织，来鼓励或迫使其他政府采取符合共同期望的行动。经济和政治自由主义扩散的一个突出解释涉及明显的

---

① SHIPAN C R, VOLDEN C. The Mechanisms of Policy Diffusion [J]. American Journal of Political Science, 2008, 52 (4): 840 - 857.

② BRAUN D, GILARDI F. Taking 'Galton's Problem' Seriously Towards a Theory of Policy Diffusion [J]. Journal of Theoretical Politics, 2006, 18 (3): 298 - 322.

③ KARCH A. National Intervention and the Diffusion of Policy Innovations [J]. American Politics Research, 2006 (34): 403 - 426.

④ MARTIN L L. Interests, Power, and Multilateralism [J]. International Organization, 1992, 46 (4): 765 - 792.

反自由主义机制：强大的国家可以明确地或隐含地强制较弱国家采用他们偏好的政策，直接或通过国际组织以及非政府组织，来操纵目标国家遇到的机会和问题。其影响无论是直接的还是间接的，这种机制可能涉及威胁或使用武力，操纵经济运行和利益，甚至垄断信息或专业知识，所有这些都是为了影响其他国家的政策变化。强制扩散涉及权力不对称，表现在强大的国家将其政策偏好强加给较弱的国家。各种形式的"软性"胁迫可能在政策的自由化推广中普遍存在，强势政府的政策通常会成为具有多重均衡性政策协调博弈的焦点。更加"软性"的强制是强大的国家可能将理论、信息或有利于特定政策实施的理念，比如与自由化的紧密结合，通过观念性渠道影响他人，而不是施加外在力量或改变成本或收益。尽管强制理论认为扩散过程中最重要的关系是垂直型关系，但竞争理论认为最重要的关系是横向型关系，事实上，平等的经济政策比大国的经济政策对扩散的影响更大。①

其次，联邦政府或中央政府会利用各种政策工具，强制政策扩散。尽管中央或地方的横向强制受到限制，但纵向或自上而下的强制仍然是完全可能的。长期以来，如美国联邦政府向各州和地方的拨款经常会刺激政策的采用。联邦政府的补助金主要是帮助州和地方实现国家目标。然而，几乎所有主要的资助者都在州内实施了一些联邦已经确立的目标。换句话说，联邦政府的角色很少是政策的发明者。更常见的情况是，政策在一个或多个地方试行并获得成功之后，联邦立法就会确立这一构想，并鼓励各州和地方实施这一构想。②

除了通过刺激来强制地方采纳政策外，中央政府也会给地方政府施加压力。当然，在很多情况下，联邦政府会选择强大的财政激励措施，联邦政府通过其财政刺激计划可以加速各州政策创新的速度。联邦政府要么引导地方政府实施一项计划，我们称之为"胡萝卜"，要么就是如果没有满足某些条件，则威胁要削减或取消各州现有财政预算，我们称之为"大棒"。比如为在全国范围内规范公路广告牌的建设，联邦政府要求地方按照联邦政府的要求推进，否则要取消对一些州的公路资金预算。无论是奖励"胡萝卜"，还是削减预算资金的"大棒"政策，政策在联邦政府的强制下在各州之间的扩散速度都会比那些缺乏强制政令的州更快，有财政激励措施的政策会比那些没有激励措施的政

---

① SIMMONS B A，DOBBIN F，GARRETT G. Introduction：The International Diffusion of Liberalism [J]. International Organization，2006（60）：781-810.

② WELCH S，THOMPSON K. The Impact of Federal Incentives on State Policy Innovation [J]. American Journal of Political Science，1980，24（4）：715-729.

策扩散得更快。① 总之，对中央政策采纳的诱因或不予采纳后的制裁通常是随着时间的推移而逐渐累积的，以便政策在所有地方全面推行。

自 19 世纪以来，联邦政府的政策数量急剧增加。随着时间的推移，联邦政府已经进入较多的政策干预领域，这种情况促进了各级政府公职人员组织的发展，从而促进政策的扩散。②联邦、州和地方官员之间在特定政策领域强有力的联结，有利于州府官员游说国家以立法形式促进联邦政府激励计划的实施。在州内的政治压力下，联邦政府的要求会被敦促落实，并引入相关的资助项目。此外，州政府和地方官员可能会尝试调整对其具有特殊价值的或涉及专业知识领域的政策。如果政策制定方案不能在一州内部形成，那么在该州的个别群体可能会呼吁联邦政府提供补助金，作为重组州政策的工具。③

垂直向下的层级扩散模式，主要是指在政府组织体系内部，上级选择和采纳某项政策，并通过采取某些措施鼓励或强制下级采纳和实施某项政策的扩散模式。学者认为这种垂直向下的政府创新扩散模式主要是缘于下级政府对上级政府的依赖，包括财政依赖、政策依赖和主观偏好依赖等，都会"引诱"下级政府做出迎合上级政府需求的政府创新行为。④ 还有学者总结了三种政策垂直扩散机制：强制控制、劝服控制和催化控制。⑤ 强制控制是一种直接的行政指令，权力不对称是强制性机制形成的重要原因，强势主体可以对弱势主体产生影响，使后者采取前者的政策，即采取中央政府的政策。这种合法权力对创新者和学习者施加了压力，以鼓励政策创新的扩散。劝服控制主要表现为财政激励，即中央政府可以通过财政资助或项目引进的方式影响地方政府的政策选择。催化控制是一种潜移默化的方式，主要体现在中央政府通过更改创新障碍的难度或提供克服这些障碍的资源来影响创新政策的扩散。⑥

4.2　乡村治理政策创新扩散的路径

政策创新扩散会在时间维度、空间维度以及政府层级中呈现出一定的特

①②③　WELCH S，THOMPSON K. The Impact of Federal Incentives on State Policy Innovation [J]. American Journal of Political Science，1980，24（4）：715 - 729.

④　马亮. 府际关系与政府创新扩散：一个文献综述 [J]. 甘肃行政学院学报，2011（6）：33 - 41.

⑤　BAUM J A C，DOBBIN F. The Iron Cage Revisited：Institutional Isomorphism and Collective Rationality in Organizational Fields [J]. American Sociological Review，1983，48（2）：147 - 160.

⑥　KARCH A. National Intervention and the Diffusion of Policy Innovations [J]. American Politics Research，2006，34（4）：403 - 426.

性，从而表现出特定模式，构成政策创新扩散的路径。在我国，独特的政治经济环境特征推动乡村治理政策创新扩散呈现出不同的路径。

4.2.1 自下而上政策吸纳：美丽乡村政策扩散

改革开放以来，中国经济快速增长的奇迹吸引了全世界的目光。人们认为，经济快速增长的原因是"中国特色的联邦主义"[①]和"地区分权威权主义"[②]。这种体制下地方拥有一定的自主权是主要激励因素。同时，分权还带来一定程度的地方决策自主权，地方政策创新或政策试验往往成为中央决策基础甚至中央政策组成部分。这种政策试验采取分级的方式，它通过分散实验与中央临时干预的有效结合，将地方经验有选择地融入国家决策，成为理解中国政策过程的关键。[③]中央经常总结、吸纳地方政策创新经验，再由点到面推广到全国，形成政策扩散，实践中表现为"局部地区的政策试点—全面推行"自上而下的公共政策扩散和"地方政策创新—上级采纳—推广实行"自下而上的吸纳辐射扩散。[④]与联邦制下中央与地方之间政治结构不同，我国这种政策制定过程中独特的中央—地方互动过程是中国公共政策过程中最具特色的环节。"创新—吸纳—推广"既体现了央地间的互动，同时也为央地互动所塑造。中央—地方不同的政策行为者互动差异带来政策创新扩散时间演进、空间路径的差异，从而形成不一样的政策扩散模式。在乡村治理政策重要组成部分——安吉美丽乡村政策扩散中，央地政策行为者间的互动是如何塑造政策创新扩散时间演进、空间路径的？

按照沃克尔观点，政策创新是指一个计划或政策，它对采用它的国家来说是新的，无论该计划有多旧，或者有多少其他国家可能采用它。[⑤]"新"意味着对采纳人来说是新手，而对整个世界来说不一定是新手。[⑥]如果该政策对所有人来说是全新的话，我们称其为政策发明（policy invention）。当一个所谓

① MONTINOLA G，QIAN Y Y，BERRY W. Federalism，Chinese Style：The Political Basis for Economic Success in China [J]. World Politics，1995，48（1）：50 - 81.

② XU C G. The fundamental institutions of China's reforms and development [J]. Journal of Economic Literature，2011，49（4）：1076 - 1151.

③ SEBASTIAN H. From Local Experiments to National Policy：The Origins of China's Distinctive Policy Process [J]. The China Journal，2008，59：1 - 30.

④ 王浦劬，赖先进. 中国公共政策扩散的模式与机制分析 [J]. 北京大学学报，2013，50（6）：14 - 23.

⑤ WALKER J L. The Diffusion of Innovations among the American States [J]. American Political Science Review，1969，63（3）：880 - 899.

⑥ DOWNS G，MOHR L. Towards a theory of innovation [J]. Administration and Society，1979，10（4）：379 - 408.

"新"政策被一个地区的政府所采纳时，我们就会说政策得到扩散。人们对政策创新扩散，会关注几个方面：一是为什么扩散发生，也就是说扩散的驱动力是什么，即人们所说的什么机制导致扩散？二是哪些政治行为者或力量（如政策企业家或跨国组织）促进了政策扩散？三是什么具体的政策内容正在扩散？①

在政策创新扩散机制上，吉拉迪（Gilardi）认为，美国各州的扩散理论通常依赖三种机制：模仿、学习和竞争。② 多宾（Dobbin）等人则认为各国政策的扩散机制包括了学习、仿效、强制和经济竞争等。③ 由于扩散在一定程度上是一个政策被不同主体所采纳的结果，所以罗杰斯认为，扩散是"创新通过某种渠道在社会系统成员之间扩散的过程"。④ 而卡奇（Karch）进一步明确，扩散是关于政策在一个管辖范围内的移动。相反，采用是决定在某个管辖区采纳政策。⑤ 贝瑞夫妇将各政府间互动影响因素纳入分析框架中，提出全国互动、区域扩散、领导跟进及垂直影响四种政策扩散的基本模型。⑥

以往许多政策创新扩散研究多是基于西方社会的研究得出的理论，他们也多以西方国家联邦制为参照系，来对比和解释我国政策创新扩散，无法完全解释我国的创新扩散。

首先，我国地方治理创新扩散的政治结构不同。我国既不是经典的联邦主义，也不是完全单一的政治结构，垂直行政集权和财政分权并存，央地之间以及地方政府间关系明显不同于西方国家。政策创新扩散模式既有西方一些类型，同时也有中国特色的如启蒙模式、锦标赛模式、指定模式和承认模式等。⑦

其次，我国政府治理创新的扩散动力也不同于西方。西方动力更多来自选举政治，而我国党和政府服务人民基本属性决定了服务人民的创新更容易

---

① ⑤ KARCH A. Emerging Issues and Future Directions in State Policy Diffusion Research [J]. State Politics & Policy Quarterly，2007，7（1）：54 – 80.

② GILARDI，FABRIZIO. Four Ways We Can Improve Policy Diffusion Research [J]. State Politics & Policy Quarterly，2016，16（1）：8 – 21.

③ DOBBIN F，SIMMONS B，GARRETT G. The Global Diffusion of Public Policies：Social Construction，Coercion，Competition，or Learning? [J]. Annual Review of Sociology，2007，33（1）：449 –472.

④ ROGERS E M，SIMON S. Diffusion of innovations [M]. New York：Free Press，1983：1 – 238.

⑥ BERRY F S，BERRY W D. Innovation and diffusion models in policy research [C]. In：P. Sabatier，ed. Theories of the policy process [A]. 3rd ed. Boulder，CO：Westview Press，2014：307 –359.

⑦ ZHU X F. Inter – regional diffusion of policy innovation in China：A comparative case study [J]. Asian Journal of Political Science，2017，25（1）：1 – 21.

扩散。

最后，我国政府创新扩散路径不同于西方。西方政策创新扩散机制除了一般学习、模仿和竞争外，政党竞争、政策议程、现代媒体等对政策扩散都产生较大影响。对中国而言，纵向政治结构对政策扩散影响较大，出现自上而下的层级扩散模型，自下而上的吸收辐射扩散模型，相同级别的区域或部门间扩散模型，不同发展水平的区域之间的策略扩散模型[①]，以及中央通过试点推广、吸纳推广、强制推行、官员异地交流等带来的政策创新扩散。[②]

相关研究虽然对我们理解政策创新扩散奠定坚实基础，但他们都有一个基本的假定，那就是政策扩散路径是单向度的，或者表现为横向的政府间扩散，或者表现为纵向的自上而下层级扩散或自下而上吸收辐射扩散。同时，许多的研究并没有将政策扩散模式与不同的政策行为者互动联系起来。本文试图将政策行为者互动与政策创新扩散时空变化相互关系结合起来，提出具有中国特色的政策扩散模式。

（1）浙江安吉美丽乡村的政策创新

第一，从步步推进到久久为功。

安吉美丽乡村政策源头产生于习近平总书记提出的"千万工程"（千村示范、万村整治）。时任浙江省委书记的习近平同志在 2003 年提议，要花 5 年的时间从全省 40 000 个村庄中选择 10 000 个村庄，以改善农村人民的生活质量并改变农村的混乱环境。在"千万工程"引领下，安吉县开始对农村进行"五改一化"（改厕、改路、改水、改房、改线和环境美化）。通过"五改一化"，农村环境脏乱差局面得以改变，村容村貌大幅度提升，为全面开展美丽乡村建设奠定了坚实的基础。

2008 年，安吉县宣布了一系列计划，包括"安吉县建设中国美丽农村地区行动计划"和"安吉县中国建设美丽农村地区总体规划"。安吉县在计划草案中提出，用 10 年的努力，让安吉的每个村庄都成为"中国美丽的村庄"，成为"一个拥有最美丽生态环境，最干净村庄的外观，最独特工业特征，最完善社区服务，最灿烂地方文化和最幸福农民生活的新国家的典范"。经过五年艰苦建设，到 2012 年底，安吉县 179 个村实施了美丽乡村创建工作（占 95.7%），实现了 12 个乡镇街道美丽乡村建设的基本全覆盖。从 2013 年开始，安吉又先行一步，开启了升级版的"中国美丽乡村"精品示范村打造。它通过点、线、面把"黄浦江源""中国大竹海""昌硕故里"

---

① 王浦劬，赖先进. 中国公共政策扩散的模式与机制分析 [J]. 北京大学学报，2013，50 (6)：14 - 23.

② 杨宏山，李娉. 中美公共政策扩散路径的比较分析 [J]. 学海，2018 (5)：82 - 88.

"白茶飘香"以及"优雅竹城"（县）—"风情小镇"（镇）—"美丽乡村"（村）有机结合起来。到 2017 年底，安吉县共建成美丽乡村精品示范村 29 个，精品村 148 个，覆盖面达到 100％。

总之，安吉从美丽乡村建设计划到实施，得到了习近平总书记的亲切关怀。在浙江省委和省政府领导下，安吉党委政府一张蓝图绘到底，一年接着一年干，久久为功，终于成就今天城乡一体、人民富足、生态文明的美丽安吉。

第二，从单一治理到整体性治理发展。

西方国家自 20 世纪以来，受威尔逊、古德诺、韦伯等经典理论家影响，逐步形成了传统官僚管理体制。它在纵向上形成自上而下的权力等级结构，在横向上形成由不同部门组成的功能结构，纵横交织最终形成庞大的官僚体系。在浙江美丽乡村建设中，安吉突破了美丽乡村单一治理模式，将农业农村部门单一参与转换成多部门协同治理。

首先，建立党委领导、政府负责、部门协同和社会参与的组织机制。党的十八大以来，为推进国家治理体系和治理能力现代化，国家逐步确立党委领导、政府负责、部门协同和社会参与的管理体制。安吉为改变农业部门管理美丽乡村事务过于单一薄弱的问题，县委、县政府成立部门协同的组织机制，即"安吉县中国美丽乡村行动工作领导小组"（与县新农村示范区领导小组合一），下设办公室具体负责日常工作。地方党委领导挂帅，一级抓一级，层层抓落实，形成县委书记、副书记、副县长以及镇街书记分别牵头抓总、落实。同时，由县人大作出美丽乡村建设的决议，地方政府来负责实施，美丽乡村建设工作才得以顺利推进。"我们在很早的时候，就以人大常委会的形式通过了一项决议，要求各个部门通力配合美丽乡村建设。美丽乡村建设推到哪个点，各个部门的项目和资金全部要放到那里去做，例如水利项目、公路线路改造、污水处理等，相关部门要全力配合"；"一旦人大做出了决议，政府部门必须要执行的，人大到时要监督政府部门"。① 此外，政府部门还强化部门考核，从而形成党委领导、政府落实、考核验收、监督检查等系统体系。

其次，建立"政府主导、农民主体、社会参与"的共建共治共享治理机制。为推动美丽乡村建设，安吉实行政府前期主导、群众自主参与、社会多方支持的共建共享方式来筹措建设资金。政府不仅设立"美丽乡村"专项资金，用于"美丽乡村"的创建工作，还通过村企结对、部门联村来吸引社会资金，此外还用 BT 和 BOT 市场化方式来吸引资金进入。在建设初期，为调动乡镇和村的积极性，政府采用以奖代补方式来推动村集体参与。政府允许所有的村

---

① 2018 年 10 月 29 日浙江安吉农业部门领导访谈。

进行美丽乡村的申请创建，政府给予一定的资金支持。经过创建后，政府再按相应的指标进行考核验收。按照规定，"达到'中国美丽乡村'建设标准的乡镇、村根据人口规模大小实行以奖代补。以奖代补标准：乡镇人口规模在2万人以下的奖300万元，4万人以上的奖500万元，2万～4万人的按人口数折算奖励。精品村、重点村、特色村按人口规模2 000人为标准分别奖200万、100万、50万元"。近年来，新修订的考核办法规定，"在每村200万元基础奖的基础上，根据创建村考核得分不同实行不同的以奖代补。村建设获得一等奖，人均奖励2 000元；二等奖，人均奖励1 500元；三等奖，人均奖励1 000元"。此外，乡镇还进行资金配套，配套比例从0.5到1不等。通过县乡镇财政巨大投入，以及吸引社会资金的参与，据不完全统计，安吉县乡两级财政在十年美丽乡村建设期间，累计投入资金约20亿元，另外也有近180亿元的工商资本投入，从而保障了美丽乡村建设推进。

最后，按照规划先行、统筹考虑、主体参与原则推进美丽乡村建设。为保障美丽乡村整体有序，安吉邀请浙江大学编制《中国美丽乡村总体规划》，以美丽乡村总体格局为导向，实施全县"大乡村"一盘棋。在美丽乡村创建设计中，将自然美与现代美，整体美与个性美紧密结合，坚持抓自然布局，融自然特色，坚持现代理念，融入自然生态。坚持产业发展、交通发展、环境保护等整体结合，点线面结合，最终实现"美丽乡村"的全覆盖。

（2）浙江安吉美丽乡村政策扩散时空特征

2003年，时任浙江省委书记的习近平同志提出在浙江全省启动"千村示范、万村整治"工程，以改善农村生产生活环境。2005年8月15日，习近平视察安吉县天荒坪镇的余村，指出，"余村人下决心关停矿山就是高明之举，我们过去讲既要绿水青山，又要金山银山，其实，绿水青山就是金山银山"。"两山理论"提出后，安吉县以"两山理论"为指导，争当践行"两山理论"源头和样板，并于2008年，安吉县正式推出"中国美丽乡村"计划。农业部社会事业发展中心赞誉安吉建设美丽乡村成功实践，并于2009年向全国推出了社会主义新农村建设的"安吉模式"。① 安吉县建设中国最美丽乡村的经验不仅推动了本地美丽乡村建设的发展，同时也成为浙江发展总纲"八八战略"重要组成部分。2010年浙江在总结安吉实践经验基础上，制定了《浙江省美丽乡村建设行动计划（2011—2015年）》。② 随后，2013年初，农业部也开始在全国启动"美丽乡村"创建活动。"美丽乡村"政策在安吉县取得成功的同

---

① 杨君左. 安吉人的生态文明之路［N］. 杭州日报，2016-07-26.

② 许雅文. 刚成立的生态环境部，为什么在全国推广这项浙江经验［N］. 浙江在线，2018-04-16.

时，还扩散到浙江省内直至全国其他地方。

第一，安吉县美丽乡村政策波浪式向外扩散到浙江其他地级以上市。

罗杰斯根据采纳者先后顺序，将创新采纳者分为五类：创新者、早期采纳者、早期大多数、后来大多数、落后者等。[①] 如果绘制一段时间以来采纳政策的政府数量频数曲线，则会得到钟形曲线，如果是累积频数，则成为 S 形曲线。安吉县在 2008 年正式提出"中国美丽乡村"计划，出台《建设"中国美丽乡村"行动纲要》，2011 年杭州、宁波、嘉兴、绍兴、舟山等市应省委《浙江省美丽乡村建设行动计划》的要求开展美丽乡村建设。金华、衢州市在 2012 年深入贯彻落实学习《关于建设美丽乡村浙江创造美好生活的决定》《关于"千村示范、万村整治"工程，全面推进美丽乡村建设的若干意见》等文件精神，加入美丽乡村建设行列中。随后 2013 年温州也积极响应开始全面推进美丽乡村建设，2014 年，湖州、台州、丽水等市也在认真调研、广泛征求意见的基础上，启动了美丽乡村建设，从而形成省内扩散（图 4-1）。

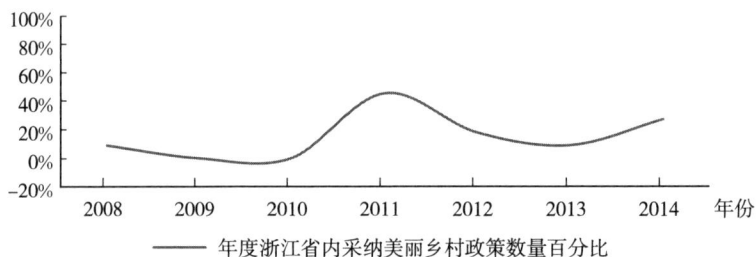

图 4-1　美丽乡村政策在浙江省内的扩散

第二，安吉推出美丽乡村省级标准和国家标准，推动美丽乡村向其他省市波浪式扩散。

2008 年，根据中央新一轮新农村建设要求和浙江省委部署，安吉县以"立足县域抓提升，着眼全省建试点，面向全国做示范"为基本定位，在全国率先全面开展以生态文明建设为内涵、以"中国美丽乡村"建设为载体的新农村建设"安吉模式"的探索行动。经过不断建设，安吉先后获得中国人居环境奖（2009 年）、浙江省美丽乡村先进县（2011 年）、示范县（2016 年）荣誉，并向标杆县迈进。2012 年，安吉县联合浙江标准化研究院启动"美丽乡村省级规范"起草工作，经过广泛征集意见和反复修改，出台我国首个美丽乡村省级地方标准——《美丽乡村建设规范（DB33/T 914—2014）》。在省级地方标准基础上，安吉将美丽乡村建设经验和成果进行标准转化，推出《美丽乡村建

① ROGERS E M. Diffusion of innovations [M]. New York：Free Press，1983：1-238.

设指南》（国家标准 2015 年），成为规范和引导全国各地实施"美丽中国"重要的政策指引。

第三，安吉美丽乡村政策被中央政策吸纳，并通过中央的政策倡导带来了美丽乡村政策快速扩散。

从全国来看，浙江省安吉县是第一个提出"中国美丽乡村"计划的。2008年安吉县出台《建设"中国美丽乡村"行动纲要》，随后，2010 年浙江出台《浙江省美丽乡村建设行动计划》。受安吉和浙江美丽乡村政策影响，广东省和安徽省在 2011 年开始试点美丽乡村建设。2012 年，海南也接着跟进采纳。随着党的十八大提出要把生态文明建设放在突出地位，努力建设美丽中国，农业部于 2013 年启动了"美丽乡村"创建活动。2013 年 5 月，习近平总书记作出指示，要认真总结浙江省开展"千村示范、万村整治"工程的经验并加以推广。他提出，"进一步推广浙江好的经验做法，因地制宜、精准施策，不搞'政绩工程''形象工程'，一件事情接着一件事情办，一年接着一年干，建设好生态宜居的美丽乡村，让广大农民在乡村振兴中有更多获得感、幸福感"。习总书记的指示直接带来美丽乡村政策快速扩散，出现了美丽乡村政策创新扩散的高峰期。天津、江苏、辽宁、江西、北京、上海、吉林、福建、贵州、陕西、甘肃、青海等地纷纷响应，提出要建设美丽宜居乡村。2016 年，河北、山东、湖北、湖南、云南等省份结合实际，制定建设美丽乡村实施文件，实现了美丽乡村政策的省际扩散（图 4-2）。

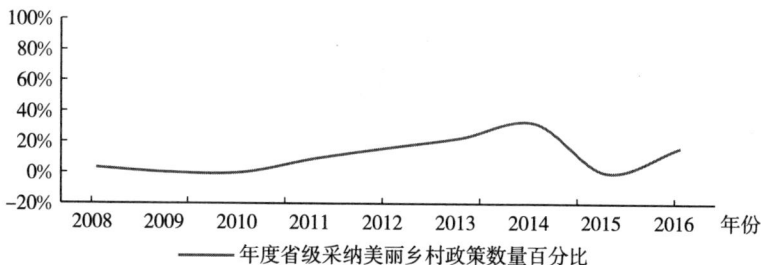

图 4-2　美丽乡村政策在省际的扩散

（3）安吉美丽乡村政策的波浪式层级吸纳扩散解释框架

政策扩散既是内部因素影响的结果，同时也受外部主体间的互动如竞争、学习等的影响。主体相互间的互动带来政策扩散差异，体现了政策在时间上、区域上、空间上和路径上的变化，构建了创新在地理区域间扩散的空间模型，①从而呈现出不同的扩散模式。

---

① PACHECO J. The Social Contagion Model: Exploring the Role of Public Opinion on the Diffusion of Antismoking Legislation across the American States [J]. Journal of Politics，2012，74（1）：187-202.

第一，政策扩散一般模式。

许多研究表明，政策行为者包括内部行为者、外部行为者、中间人，他们之间的相互作用可能在决定一项创新和随着时间的推移形成扩散的过程中发挥关键作用[①]。政策行为者互动产生的政策扩散在时空中呈现不同的特征，使得政策创新扩散模式表现为三类：扩张式扩散模式、传染性扩散模式，以及官僚层级扩散模式。[②]

首先，扩张式扩散模式。这种模式一般是指某一地区推进创新后，该区域迅速成为扩散的中心，创新也围绕这一个焦点或中心发生空间扩散。对于图 4-3 中的扩张式扩散，黑圈表示初始采用者，箭头表示信息的策略流，而白圈表示可能受初始采用者影响的潜在采用者。这说明如果某一政策出现在圈子中，并且它以波浪形式向外扩散到新区域或外圈，则会发生扩张性质。它意味着当一个创新政策出现时，邻近地区在竞争压力等因素影响下，启动政策学习和政策模仿，从而使得政策扩散成为可能。而政策或创新的扩散范围取决于其政策属性，如显著性、成本等，一些政策具有最小的扩展，而其他政策则达到饱和。

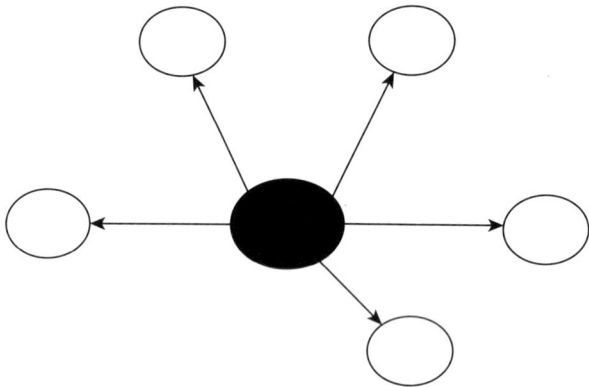

图 4-3　扩张式扩散模式

扩散的重置模式（图 4-4）一般是指一个政策创新扩散越过邻近区域，到较远区域被采纳，然后向外扩散。传统上，搬迁被认为是人们在旅行的过程中将文化元素带入新的领域，当新理念传入新领域时，就形成了扩散，鉴于当

① EOM T H, BAE H, KIM S. Moving Beyond the Influence of Neighbors on Policy Diffusion: Local Influences on Decisions to Conduct Property Tax Reassessment in New York [J]. American Review of Public Administration 2017, 47 (5): 599-614.

② MITCHELL J L. Does Policy Diffusion Need Space? Spatializing the Dynamics of Policy Diffusion [J]. Policy Studies Journal, 2017, 46 (3): 1-28.

代技术和信息的快速扩散，这种扩散表现得更为明显。[①]

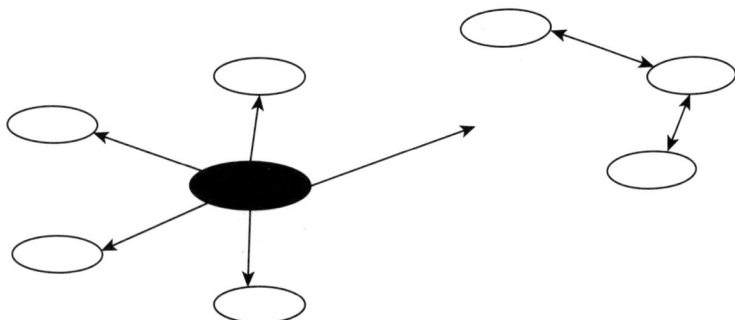

图 4 - 4　扩散的重置模式

　　其次，传染性扩散模式（图 4 - 5）。它是借用流行病学的概念框架来分析政策扩散，流行病学的概念框架包括病毒特性、病毒携带者的分布和活动影响病原体传播，接触者的易感性影响流行病扩散速度和范围。这和公共政策创新扩散非常相似：地区的内在动力使得地方政府或多或少易受影响，利益集团（类似于病毒携带者）的分布、活动和互动塑造创新扩散，一个地区政治的、制度的、社会经济特征多样性等特性带来地方对创新扩散接受力的差异。[②] 当一种政策或观念具有传染性时，一个地区通过与已经接触过一种想法的主体直接接触而使得政策或观念得到扩散。如果某一地理区域采纳政策，则邻近地理区域（如果距离很近）将更有可能接触这项政策。如果邻近区域决定采纳，则接触该邻近区域边界的所有区域被传染的可能性会增加。因此，在这种情况下，则会增加所有邻近地区政策扩散的可能性。[③] 社会传染模式显示，公众在政策扩散中扮演着重要的角色，即使不是主要角色。当某地居民接触到或了解到一项政策，政府官员需通过回应公众的政策诉求而导致政策的扩散。[④]

　　实践中，政策创新携带者制造了明显的政策创新模式。虽然州政府处于政策创新研究的中心，但政府当选官员并非是最主要的（首要的）政策创新扩散者，相反，利益集团组织者推动政策创新在州之间扩散，他们通过有组织的利

---

　　①③　MITCHELL J L. Does Policy Diffusion Need Space? Spatializing the Dynamics of Policy Diffusion [J]. Policy Studies Journal，2017，46（3）：1 - 28.

　　②　BOUSHEY G T. Policy Diffusion Dynamics in America [M]. Cambridge：Cambridge University Press，2010：1 - 29.

　　④　PACHECO J. The Social Contagion Model：Exploring the Role of Public Opinion on the Diffusion of Antismoking Legislation across the American States [J]. Journal of Politics，2012，74（1）：187 - 202.

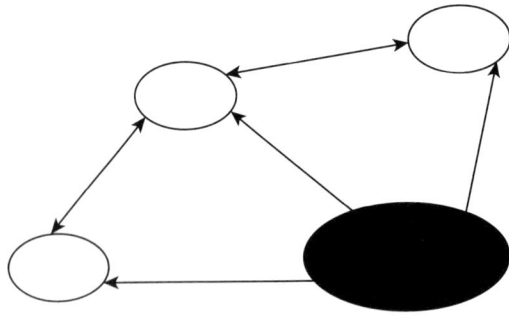

图 4 - 5 传染性扩散模式

益集团网络使政策从一州传向另一州。研究表明，使用传染性扩散模式来检验政策扩散可以更全面地检查动态变化和地点对政策扩散的敏感性，以及其他政策携带者在政策扩散中的作用。①

最后，官僚层级扩散模式（图 4 - 6）。它指的是政策在等级结构内扩散，既可能在上下级间纵向扩散，也可能在政府间横向扩散。它通常是在从大到小的主体间扩散或者是从一个较大的都市扩散到较小的城镇，因为工业化地区、城市、大都会中心更容易接受变革和试验，政策会从这些中心区向其他地区扩散，从而形成创新者、追随者和落后者关系。如较高阶采纳者（黑圈）会影响其他采用者（较小的圆圈），并通过网络联系，扩散到更小的地方，这就是一个层级扩散的例子。② 层级扩散就像有传染性一样，但第一个政策采纳者的观点表现出更大的影响力，而不是所有邻近者同样具有传染性。此外，随着信息技术的广泛应用，使传统政策扩散所涉地理边界越来越不相关，扩散需要空间单位（城市、县和地区）相邻的依赖性降低。

第二，波浪式层级吸纳扩散模式：安吉美丽乡村政策扩散。

米歇尔（Mitchell）从时空上厘清了政策扩散的不同模式，为我们理解政策扩散时空路径提供了方向。显然，米歇尔的扩散模式更关注扩散中时空的变化结果，但扩散是一个过程，而不是结果，或者说政策扩散体现了不同政府间的互动，表现为一个政府的政策选择受到其他政府先前政策选择的制约，或者其他政府所作的选择影响另一个政府的决策。③ 同时，米歇尔政策创新和扩散

① BOUSHEY G T. Policy Diffusion Dynamics in America ［M］. Cambridge University Press，2010：1 - 29.

② MITCHELL J L. Does Policy Diffusion Need Space? Spatializing the Dynamics of Policy Diffusion ［J］. Policy Studies Journal，2017，46（3）：1 - 28.

③ BAYBECK B，BERRY W D，SIEGEL D A. A Strategic Theory of Policy Diffusion via Intergovernmental Competition ［J］. Journal of Politics，2011，73（1）：232 - 247.

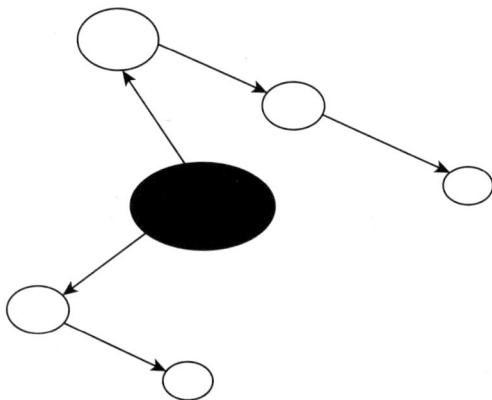

图 4 - 6　官僚层级扩散模式

分析框架是基于联邦体制下分散的政治结构来分析的。在分散的联邦主义结构中，地方政府决策权决定了他们容易成为政策创新扩散的主体，即一个区域如果首先采用某一创新的政策，很容易影响到周边区域其他政府，从而带来政策创新扩散，表现为水平扩散。在非联邦制国家，中央政府（或上级政府）在地方政府政策创新扩散方面发挥着至关重要的作用。[①] 对中国而言，中国政府间关系和官员人事制度深刻影响中国的地方政府创新扩散过程。[②] 特殊的政府间关系使得我国政策扩散更多体现为中央政府的纵向强制干预和同行政府之间的横向政治竞争，这使得中国政策创新扩散纵横交错，基于分散的联邦主义下的政策扩散理论很难解释中国政策创新扩散模式与路径。

安吉美丽乡村政策创新首先通过政策学习从空间上扩散到省内周边地区，表现为一种波浪式扩散，被浙江省委省政府吸纳，成为浙江经验重要组成部分。其次，国内其他地区纷纷到安吉县参观学习，推动以安吉县为代表的浙江经验从空间上波浪式扩散到其他省市。最后，中央政府吸纳浙江经验，并在全国推广，从而推动以安吉县为代表的美丽乡村政策在全国的扩散。由此，我们将这种扩散归纳为波浪式层级吸纳扩散模式（图 4 - 7）。

首先，政府间互动与政策学习是政策在区域空间波浪式扩散的基础。一般认为，政策创新扩散是一个区域间横向扩散的过程。地理位置接近促进了相邻政府之间的相互学习，随着互联网技术的发展，信息共享使得政策创新

---

① ZHU X F. Inter‐Regional Diffusion of Policy Innovation in China：A comparative Case Study [J]. Asian Journal of Political Science，2017，25（1）：1‐21.

② 朱旭峰，张友浪. 创新与扩散：新型行政审批制度在中国城市的兴起 [J]. 管理世界，2015（10）：91‐105.

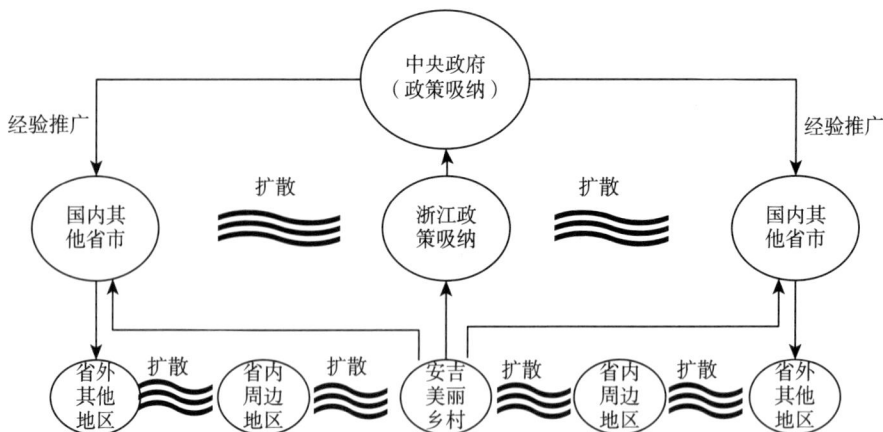

图 4 - 7　波浪式层级吸纳扩散模式

扩散突破传统空间限制。相反，主体间的互动则成为政策创新扩散的重要通道。在众多的扩散模式中，包括垂直、区域和领导者—落后者扩散模式。[①]全国互动模式最适合于对中介组织的角色进行分析，促进公共政策在各地的扩散，随着越来越多的政府采用政策，先前采用者对未来采用者的影响力会提升，这种影响力的提升就来自采用者和非采用者之间的交互作用。换句话说，当政策主体与其他采用特定政策的人互动时，他们采纳政策的可能性就会增加。[②]

与此同时，政策学习推动了政策在区域空间的扩散。政策学习可以被定义为一个过程，在该过程中，一个地方政府的决策者通过获取信息并观察其他地方在特定政策下的影响来更新他们对政策影响后果的认识。[③] 通过观察政策采纳以及这些政策的影响，这些地区的政策制定者可以从其他政府的经验（包括失败和成功）中学习。[④] 在中国，学习借鉴其他地方发展经验对中国地方发展具有重要价值，参观考察由此成为创新扩散重要机制之一，截至目前，全国所

　　① BERRY F S，BERRY W D. Innovation and Diffusion Models in Policy Research [C]. In：P. Sabatier，ed. Theories of the policy process [A]. 3rd ed. Boulder，CO：Westview Press，2014：307 - 359.

　　② GANDARA D，RIPPNER J A，NESS E C. Exploring the 'How' in Policy Diffusion：National Intermediary Organizations' Roles in Facilitating the Spread of Performance - Based Funding Policies in the States [J]. Journal of Higher Education，2017，88（5）：701 - 725.

　　③ BRAUN D，GILARDI F. Taking 'Galton's Problem' Seriously Towards a Theory of Policy Diffusion [J]. Journal of Theoretical Politics，2006，18（3）：298 - 322.

　　④ SHIPAN C R，VOLDEN C. The Mechanisms of Policy Diffusion [J]. American Journal of Political Science，2008，52（4）：840 - 857.

有的省、自治区和直辖市都有政府代表团队到安吉学习美丽乡村建设经验。① "每年来安吉县进行考察学习的人非常多，全国各地都有，每年县政府大约会接待 1 699 批次参观学习团，各局级部门接待量约为 300 批次"。② "我们在参观学习安吉经验后，也开始了以人居环境整治为中心的乡村治理工作，目前正在做'三清三拆三整治'工作。"③ 通过参观考察，政策创新以安吉为中心向全国各地波浪式扩散。

其次，上下级政府间层级政策吸纳与经验推广推动政策在不同层级政府间扩散。政策创新扩散的核心是政策制定者为什么以及如何对其他地方的决策作出反应的问题，那意味着不同层级的政府对其他地方的回应在政策创新扩散中扮演了重要角色。地方政府政策创新很有可能进入中央政府政策视野中，直至被中央政府认可，甚至成为全国性政策。在国外，联邦主义学者长期以来一直认为，联邦制度鼓励各州进行政策实验，并且成为其他州和联邦政府模仿的最佳实践。他们期望州不仅回应更好地符合自己的条件，而且也为各州和联邦计划提供参考范本。联邦对各州政策经验的了解可以被描述为"州—联邦"扩散。④ 也就是说，政策扩散虽然是一种横向现象，但政府之间的纵向关系起着相当重要的作用。⑤

对中国而言，中央政府在政策创新和政策扩散过程中发挥着至关重要的作用，尤其是将地方经验汇入国家政策并加以推广一直是中国改革成功的重要经验。中国地区间的多样性和复杂性决定了地方经验的重要性，地方经验为中央政府政策扩散提供选择方案。实践中表现为个别地方经验被中央吸纳，形成中央政策，以及多点的地方创新形成"滚雪球效应"，推动中央政策改变，形成纵向创新扩散。比如安吉美丽乡村在村容村貌整治和产业提升方面积累了较多经验，2019 年中央 1 号文件明确提出深入学习推广浙江"千村示范、万村整治"工程经验，来推进人居环境整治，建设美丽乡村。

再次，中央政策倡导以非渐进的点源形式扩散。从时间上看，初期美丽乡村政策扩散曲线几乎呈水平，因为在最初的时间里只有少数地区愿意采用这种

---

① 刘智洋，刘宪银. 美丽安吉 标准引领 全面打造美丽乡村升级版：安吉运用标准手段推进美丽乡村建设纪实 [J]. 中国标准化，2015（5）：58 - 63.

② 2018 年 11 月 1 日安吉某部门访谈。

③ 2018 年 12 月 5 日广东某市工作人员访谈。

④ MOSSBERGER K. State - Federal Diffusion and Policy Learning：From Enterprise Zones to Empowerment Zones [J]. Publius，1999，29（3）：31 - 50.

⑤ KARCH A. Emerging Issues and Future Directions in State Policy Diffusion Research [J]. State Politics & Policy Quarterly，2007，7（1）：54 - 80.

政策创新。毕竟采用新的和未经试验的政策需要有政治意愿的支持，只有少数地区会冒险，其余的都会拭目以待。如果政策被证明有效并流行开来，模仿创新者就会增加，这个政策将成为一个"热点"，许多政策采用将在短时间内发生。随着越来越多的政府采取这一政策，曲线就会变得更加陡峭。再过一段时间，大多数政府都会采纳这一政策，并且扩散曲线开始趋于平稳。^① 到最后，一两个落后者会再次使曲线变平，可见 S 形曲线由少数创新者和少数落后者创造。

在中国，中央对成功的地方创新经验的政策倡导甚至行政命令会导致政策爆发式的扩散，这就是点源扩散，即一段时间内许多地方政府会回应中央的政策倡导甚至直接采纳某一政策，从而实现政策非渐进性扩散。正如爱斯通（Eyestone）所说的，点源扩散不产生 S 形曲线，中央政府倡导相关政策，地方政府直接回应中央政府的相关政策。^②

最后，不同政策行为者的互动差异构成不同的政策扩散模式。比如，当一个地区出现政策创新时，邻近地区政府通过政策学习、模仿等，实现扩张式扩散。若公众或利益集团等政策创新携带者对政府决策产生影响，则会产生政策扩散流行病模式^③。当政策扩散发生在上下级政府间时，则会出现官僚层级扩散模式。比如中央政府通过刺激、提供信息甚至是强制来影响政策扩散时，则会出现自上而下政策扩散模式；而当地方政策创新通过滚雪球方式被上级甚至是中央政府采纳，则实现自下而上的扩散模式。当政策扩散被经济竞争和社会政策学习所驱动时，会出现渐进政策扩散；当政策创新吸引迅捷和广泛的注意，这就刺激了快速的政治回应，导致政策创新扩散爆发，^④ 表现为波浪式政策吸纳扩散。总之，不同政策行为者的互动差异，塑造出不同的政策扩散模式，并在扩散路径、时空特征及扩散机制等几个方面表现出不同的特征（表 4-1）。

---

① REED S R. Patterns of diffusion in Japan and America [J]. Comparative Political Studies，1983，16（2）：215-234.

② EYESTONE R. Confusion，diffusion，and innovation [J]. American Political Science Review，1977，71（2）：441-447.

③ PACHECO J. The Social Contagion Model：Exploring the Role of Public Opinion on the Diffusion of Antismoking Legislation across the American States [J]. Journal of Politics，2012，74（1）：187-202.

④ BOUSHEY G T. Policy Diffusion Dynamics in America [M]. Cambridge：Cambridge University Press，2010：1-29.

表 4-1 政策扩散四类模式及其特征

扩散模式	政策行为者	扩散路径	扩散时空特征	扩散机制
扩张式扩散模式	邻近地区政府	横向单向扩散	时空上邻近区域扩散呈现S形曲线	学习、竞争、模仿
流行病模式	公众等政策创新携带者	传染性散乱状多向扩散	时空上邻近区域扩散容易出现政策爆发	学习、竞争、模仿
官僚层级扩散模式	上下级政府等	自上而下或自下而上单向扩散	政策学习时时空上会呈现S形曲线，强制时容易出现政策爆发	学习、强制
波浪式层级吸纳扩散模式	邻近地区政府和上下级政府等	横向地区间扩散或纵向层级吸纳扩散	政策学习时时空上会呈现S形曲线，政策倡导时容易出现政策爆发	学习、竞争、模仿、强制

（4）本节小结

政府政策创新的动力可能来自内部如地区经济、社会特征等，也可能来自政策之外，比如竞选压力、公众压力、利益集团推动等，这些要素推动政策在地区间传播扩散，这一过程被称为政策扩散。政策参与者的综合影响和复杂的相互作用造成了政策扩散的差异，从而使政策反映出时间、区域和地点的不同特征，产生了不同的政策扩散模式。根据政策扩散在时间和空间上的不同特征，政策创新的扩散模式可分为四类：扩张式扩散模式、流行病模式、官僚层次扩散模式和波浪式层次吸纳扩散模式。比如，当一个地区出现政策创新时，邻近地区政府通过政策学习、模仿等，实现扩张式扩散；若公众或利益集团等政策创新携带者对政府决策产生影响，则会产生政策扩散流行病模式；当政策扩散在上下级政府间进行时，则会出现官僚层级扩散模式。

关于政治创新扩散的经典理论研究是基于分散的政治结构来分析的，这些政治结构包括：选民、民选政治人物、任命的官僚、利益集团、政策企业家和在联邦结构中的政策参与者。他们的互动能够产生大量的政策。在非联邦制国家，中央政府（或上级政府）在扩散政策创新中起着至关重要的作用。对中国而言，特殊的政府间关系使得我国政策扩散更多体现为中央政府的纵向强制干预和各政府之间的横向政治竞争，这使得中国政策创新扩散纵横交错，基于分散的联邦主义下的政策扩散理论很难解释中国政策创新扩散模式。首先，地方政策创新往往借助于政策学习等方式实现政策在区域间扩散。在经济竞争、跟风学习等因素影响下，一个地区总是会观察其他地区实施某一政策的后果及影响，从中学习经验（包括失败和成功），从而推动政策横向扩散。其次，中央政府对政策的吸纳和推广容易产生非渐进式政策爆发。通过分散试验与中央临时干预的有效结合，将地方经验有选择地融入国家决策是中国政策创新的重要特征。中央对成功的地方创新经验的政策倡导甚至行政命令会导致政策爆发式出现，从而呈现出点源扩散的特征。点源扩散的"创新者"是中央政府，点源扩散表现为地方政府直接回应中央政府的相关政策。

安吉县是习近平总书记"两山理论"的发源地，"两山理论"成为习近平新时代中国特色社会主义思想重要组成部分。安吉美丽乡村政策创新在发展中波浪式扩散到周边地区，被浙江省委省政府以政策形式吸纳。以安吉美丽乡村为代表的浙江经验被中央以政策形式吸纳，并在其他地方推广，实现创新扩散，从而表现为一种波浪式层级吸纳扩散。在从省内横向扩散到省际的横向扩散中，最初采用新政策的政府数量不多，形成一个起步缓慢然后起飞的抛物线。随着上级政府对政策的吸纳，采用政策创新的政府数量在逐渐增加，曲线也变得比较陡峭，产生顶部曲线。顶部弯曲的抛物线表示点源扩散过程。在点源扩散中，各地方政府都会受到强烈刺激，扩散周期立即形成，采用政策的地方政府数量也会急剧增加。中央政府的政策倡导为爆发式扩散提供可能，比如，农业部于2013年启动了"美丽乡村"创建活动，许多地方政府迅速跟进，采用政策的政府数量急剧增加，产生顶部曲线。总之，在当前我国政策创新扩散中，最开始表现为横向的区域性波浪式扩散。随着政策创新影响的增大，其被中央政府所吸纳，形成点源扩散，通过中央政策倡导实现了全国性政策扩散，并构成中国政策扩散常态。虽然在中国央地关系是分析政策扩散模式最重要的因素，但央地间互动是如何影响政策扩散，以及政策扩散背后的机制是什么，本书缺乏深入分析，仍值得进一步研究。

4.2.2　横向学习模仿与纵向压力：乡村小微权力清单制扩散

为克服近代以来国家政权"内卷化"和一盘散沙状态，新中国成立后，国家政权通过政党向乡村社会的延伸和渗透，将乡土社会整合为一个高度组织化的政治社会。[①] 通过加强党组织建设，发挥领导核心作用，在农村建立起一个一元化、总体化的治理机构，使国家政权能够牢固地扎在乡村底层。[②] 作为国家治理的末梢，基层党组织借助组织嵌入，实现了与农村集体经济组织紧密结合，国家治理体系亦随着政党下乡而在乡村得到实践和运行。

20世纪70年代末，在人民公社制度被废除和"包产到户"之后，国家权

---

① 徐勇."政党下乡"：现代国家对乡土的整合 [J]. 学术月刊，2007 (8)：13 - 20.

② 应星. 农户、集体与国家：国家与农民关系的六十年变迁 [M]. 北京：中国社会科学出版社，2016：43.

力结构和农村社会之间发生革命性变化。基层政治组织衰败、地方官员的腐败、中央对地方干部官员的失控以及各种传统权威形式的再度崛起，对国家统治农村地区的合法性产生动摇。为重振基层政治和组织、保持农村稳定，遏阻国家的地方代理者的专断权力，国家必须恢复在农村地区的统治力和合法性。① 所以，在某种意义上，村民自治是国家在面对农村地区统治能力与合法性双重危机时可供选择的政治机制。由此，"乡政村治"构成了改革开放后相当长时间乡村治理体系的基本框架。在"乡政村治"基本框架体系下，村级事务实行在党和上级政府领导下，由村民进行"民主选举、民主决策、民主管理、民主监督"。村级重大事项民主决策、民主管理与民主监督是村级治理民主化的核心，其中心就是通过村民的制度化参与来规范村级权力的运作。与民主选举相比，民主管理、民主决策与民主监督相对滞后。②

党的十八大以来，国家加大对乡村的资源投入。当乡村治理从资源汲取向资源输入的转型意味着国家权力以一种全新的方式切入乡村社会。国家权力重新回归乡村，但国家权力的这次"回归"是携带资源而来。资源的输入在改变现有的乡村治理格局的同时，也改变了村庄治理的过程和逻辑。③ 乡村治理内在于政治系统，进而具体表现为村庄政治与国家政治的互动模式和交互方式的变迁。乡村治理政治系统不仅受制于村庄政治，同时也受制于国家对乡村社会的政治调控。④ 伴随乡政从"悬浮化"向资源分配转向，项目制在乡村大量推进，村治"新代理人"出现，带来了脱离于国家和乡村社会的双重规制等问题。⑤ 乡村治理政治系统功能弱化不仅影响了乡村治理效果，同时也影响了基层党组织组织力的提升，这一切对乡村小微权力规制提出新要求。村级小微权力清单的出现，既是乡村治理转型的需要，也是构建乡村现代化治理体系的需要。它不仅为乡村治理提供标准化的流程，使村级治理有了更加系统化的规则，还为国家介入乡村，以及构建规则化、程序化现代化治理体系奠定基础。⑥

近年来，随着国家惠农政策力度加大，个别村官盯上党中央惠农政策的空子，从而出现不少乡村微腐败问题，乡村腐败对农村基层政权组织及其干部形

---

① WANG X. Mutual Empowerment of State and Peasantry: Grassroots Democracy in Rural China, World Development, 1997, 25 (9): 1431–1442.

② 罗兴佐. 基层治理制度创新是如何可能的: 基于浙江宁海"36 条"的调查 [J]. 求索, 2018 (5): 137–143.

③ 景跃进. 中国农村基层治理的逻辑转换: 国家与乡村社会关系的再思考 [J]. 治理研究, 2018, (1): 48–57.

④ 杜鹏. 论乡村治理的村庄政治基础 [J]. 南京农业大学学报, 2019 (4): 58–68.

⑤ 李祖佩. "新代理人": 项目进村中的村治主体研究 [J]. 社会, 2016, 36 (3): 167–191.

⑥ 孙琼欢. 村级小微权力清单制度的构建逻辑及优化路径 [J]. 新视野, 2019 (6): 60–64.

象侵蚀的后遗症大。^① 为减少"小权力，大腐败"对群众利益造成的损害，强化农村小微权力监督和规范运行，保障惠农政策顺利实施，各地开始探索小微权力清单制度。2014 年，浙江省宁海县率先在全国出台《宁海县村级小微权力清单三十六条》（以下简称"36 条"），启动农村小微权力清单制度的探索。"36 条"实施以来，宁海县全县村干部廉洁自律效果良好，村庄治理效能不断提升。宁海县村级小微权力清单实施成效引起社会广泛关注，新华社、中央电视台等媒体都对此进行大量宣传报道。随后，中央组织部印发了关于《浙江省农村基层党建工作经验做法》的文件，将宁海县"农村小微权力清单制度"列入基层党建创新经验之中。2018 年中央 1 号文件明确提出，"推行村级小微权力清单制度，加大基层小微权力腐败惩处力度"。2019 年中共中央办公厅和国务院办公厅颁布《关于加强和改进乡村治理的指导意见》，明确提出要"规范乡村小微权力运行"，"织密农村基层权力运行'廉政防护网'，大力开展农村基层微腐败整治"。在中央要求和媒体宣传报道下，全国许多地方开始推行村级小微权力清单制度。从空间上看，浙江省内的宁波等地率先采纳，随后扩散到周边的安徽等地，全国其他地方采纳"村级小微权力清单制度"县的（市、区）数量逐渐增加。这种扩散呈现出地方首先创新，随后在上级政策吸纳和倡导下，其他地方迅速跟进的态势。

（1）村级小微权力清单扩散的时空特征

第一，村级小微权力清单扩散的时间特征。

政策扩散初始阶段。2014 年，宁海县颁布了"36 条"，把村集体 19 个权力事项和 17 个服务事项用流程图的方式展示出来，方便村民了解村集体事务和办理相关事项，包括村庄重大工程项目、集体土地征收征用补偿的分配和使用、村庄集体经济年度财务预算等管理事项和困难补助、社保办理等公共服务事项。宁海村级权力清单包含对权力的限制和各种事项处理流程的规范两个核心点，比如村级实施五议决策法等严格的程序，事项的处理步骤与程序配有流程图。宁海县在全国最早开始试点，是农村小微权力清单改革的典范。^② 宁海县最初在岔路镇下畈村启动村级权力清单"36 条"，随后推进到全县 427 个村。宁海"36 条"出台后，宁海周边的县（市、区）如象山县、北仑县和余姚市等迅速跟进，纷纷出台村级小微权力清单制度。这些最先推出村级小微权力清单的县（市、区）成为政策扩散的创新者和少数领导者。

---

① 杨守涛．农村基层廉政建设的系统构建与有效运行：宁海县小微权力清单治理微腐败机制研究［J］．中共福建省委党校学报，2019（6）：91-96.

② 冉昊．农村小微权力清单的社会治理之维：基层自治组织权力制衡的探索［J］．教学与研究，2017（9）：38-45.

政策扩散早期阶段。宁海县颁布"36 条"后，除浙江杭州、绍兴、温州、舟山等市外，安徽省、山东省、河南省、四川省的一些地市和县（市、区）也采纳这一政策，这些地方构成了政策的早期采纳者。如安徽省铜陵市、滁州市，山东省威海市，河南濮阳市，四川省宜宾市、雅安市及所辖县（市、区）也推行这一政策。在政策创新初始阶段，只有极少数地方创新某一政策，随着时间的推移，其他地方发现这一政策并开始采纳，扩散的速度加快。比如河北唐山的迁安市，2015 年率先在五重安乡试点推行"36 条"，2016 年 4 月，在全面总结试点经验基础上，迁安市完善细化原有的"36 条""小微权力清单"，将 36 条扩充到 60 条，并将其作为基层党建的"一号工程"在全市 534 个村庄实施。从全国来看，2016 年北京市、河北省、浙江省、安徽省、河南省、陕西省、湖南省 7 个省市，及其所辖 10 个地级以上市，如邯郸市、唐山市、廊坊市、嘉兴市、安庆市、淮北市、信阳市、洛阳市、咸阳市、湘潭市，以及 11 个县（市、区）推进了这一政策。2017 年，小微权力清单扩散到山东省、河北省、河南省、安徽省、湖北省、陕西省、四川省、甘肃省 8 个省所辖 14 个地级以上市，如金华市、台州市、威海市、芜湖市、漳州市、秦皇岛市、荆门市、新乡市、宝鸡市、渭南市、平凉市、酒泉市、成都市、黔南州，以及 14 个县（市、区）。

政策快速扩散阶段。当政策创新采纳者逐渐增多，政策扩散速度加快，会有更多的地方会采纳先前的政策，这些政策采纳者就成了追随者。2018 年中央 1 号文件明确推行村级小微权力清单制度，加大基层小微权力腐败惩处力度。中央政策倡导推动村级小微权力清单制度快速扩散，采纳这一政策的地方更多。2018 年全国有 10 省 13 个地级以上市 33 个县（市、区）采纳这一政策，即上海市、浙江省、江苏省、天津市、安徽省、江西省、河南省、湖南省、广东省、陕西省 10 个省、市所辖的湖州市、绍兴市、丽水市、衢州市、宿迁市、盐城市、六安市、九江市、商丘市、益阳市、娄底市、肇庆市、佛山市及其所辖的 33 个县（市、区）推进该政策。到 2019 年则扩散到 8 个省（区），即江苏省、江西省、河北省、黑龙江省、河南省、内蒙古、陕西省、甘肃省及其所辖的 8 个地级以上市，淮安市、萍乡市、唐山市、鄂尔多斯、驻马店市、绥化市、渭南市、张掖市和所辖的 15 个县（市、区）。2020 年扩散到 19 个省（区），即浙江省、福建省、山东省、安徽省、江西省、河北省、黑龙江省、吉林省、新疆、宁夏、陕西省、甘肃省、山西省、四川省、云南省、贵州省、河南省、湖北省、广东省等，其中，陕西、宁夏、河北和河南四省（区）在全省（区）颁布小微权力清单制度。2020 年 3 月，陕西省委组织部和民政厅联合发文，印发《关于推行村级"小微权力"清单制度的意见》，2020 年 10 月宁夏印发《关于推行村级小微权力清单制度的通知》，在全区推行村级小微权力清单制度。2020 年 5 月河北省出台《关于加强法治乡村建设的实施意见》，对村级小微权力清单进行规范。河南省纪委监委机关、中共河南省委组织部、河南省民政厅等几部门联合发布关于建立健全村级小微权力清单制度的通知，对全省推进小微权力清单进行规范。其他省中 17 个地级以上市如杭州市、绍兴市、温州市、湖州市、台州市、金华市、临沂市、亳州市、泉州市、赣州市、运城市、宜昌市、佳木斯市、西宁市、昌吉州、昆明市、玉溪市，及其所辖的 27 个县（市、区）采纳这一政策。

政策扩散减缓阶段。经过几年快速扩散，采纳政策主体数量逐步减少。2021 年，北京市、浙江省、安徽省、福建省、江西省、吉林省、四川省、西藏自治区、湖南省、广西、海南省 11 个省（市、区）的蚌埠市、福州市、吉安市、鹰潭市、大同市、永州市、恩施州、长春市、本溪市、德阳市、拉萨市、崇左市、琼海市 13 个市的 14 个县（市、区）采纳这个政策。2022 年则有上海市、天津市、山西省、福建省、江西省、辽宁省、广西、海南省 8 个省（市、区）推进，其中莆田市、新余市、鞍山市、锦州市、沈阳市、南宁市、海口市等以及上海青浦区、天津和平区共 9 个县（市、区）推进这一政策。

第二，村级小微权力清单省级扩散的空间特征。

从空间上来看，我们按照华北、华东、东北、华南、华中、西南、西北等几个区域考察村级小微权力清单制度扩散空间推进情况（港、澳、台三地不列入考察范围）。如果某一省没出台相关规范性文件，我们把该省地级以上市或县（市、区）最早采纳村级小微权力清单制度的时间视为该省第一次出现村级小微权力清单制度的时间，为此，依据第一次出现的时间，我们将各省采纳小微权力清单制度的时间列表如下（表 4-2）。

表 4-2　村级小微权力清单省级扩散的空间特征

年份	华东	华南	华北	华中	东北	西北	西南
2014	浙江省						
2015	安徽省、山东省			河南省			四川省
2016			河北省	湖南省		陕西省	贵州省
2017	福建省			湖北省		甘肃省	
2018	上海市、江苏省	广东省	天津市	江西			
2019			内蒙古		黑龙江省		
2020			北京市、山西省			青海、宁夏、新疆	云南省、重庆市
2021		广西、海南省			吉林省、辽宁省		西藏

从地市来看，我们进行检索，如果该地级以上市或其所辖县（市、区）采纳这一制度，我们将该地级以上市第一次采纳该制度时间为序依次列出（表4-3）。

表4-3 村级小微权力清单地市扩散的空间特征

年份	华东	华南	华北	华中	东北	西北	西南
2014	宁波市						
2015	杭州市、温州市、舟山市、滁州市、铜陵市、威海市			濮阳市			雅安市、宜宾市
2016	嘉兴市、安庆市、淮北市		邯郸市、唐山市、廊坊市	信阳市、洛阳市、湘潭市		咸阳市	
2017	金华市、台州市、芜湖市、漳州市		秦皇岛市	荆门市、新乡市		宝鸡市、渭南市、平凉市、酒泉市	成都市、黔南州
2018	湖州市、绍兴市、丽水市、衢州市、六安市、宿迁市、盐城市	肇庆市、佛山市、江门市		商丘市、益阳市、娄底市、九江市			
2019	淮安市、萍乡市		鄂尔多斯	驻马店市	绥化市	张掖市	
2020	临沂市、亳州市、泉州市、赣州市		运城市	宜昌市	佳木斯市	西宁市、银川市、昌吉州	昆明市、玉溪市
2021	蚌埠市、福州市、吉安市、鹰潭市	崇左市、琼海市	大同市	永州市、恩施州土家族苗族自治州	长春市、本溪市		德阳市、拉萨市
2022	莆田市、新余市	南宁市、海口市			鞍山市、锦州市、沈阳市		

（2）村级小微权力清单制度扩散机理

第一，村级小微权力清单制度扩散呈S形。

布朗和考克斯（Lawrence A. Brown，Kevin R. Cox）研究发现，政策扩散在时空上表现为：①扩散在时间上呈现出S形曲线；②邻近效应；③中心位置系统中的等级效应；④距离衰减。① 在政策创新扩散中，当一两个地方提出

---

① LAWRENCE A B，KEVIN R C. Empirical Regularities in the Diffusion of Innovation [J]. Annals of the Association of American Geographers，1971，61（3）：551-559.

了新政策并开始实施，只有极少数地方愿意跟进，大部分地方都会采取观望态度。一旦政策有一定成效，一些愿意尝试的地方会采纳这一政策。而随着时间推移，政策创新结果变得越来越清晰明了，推动更多的地方采纳这一政策。当看到越来越多的地方采纳后，没有采纳的地方会遭遇很大的压力，最后也会采纳，从而使得政策得以扩散。罗杰斯所说的，政策扩散一般都会经历三个阶段，从缓慢产生到采纳的短暂爆发，最后到逐步趋于平缓，产生了S形采纳的累积频率曲线，这种时间扩散模式不仅体现在各个国家的公共政策中，而且体现在各种制度的广泛创新中[①]。如果把在时间 t 之前已经采纳政策的地方累计数量进行统计，在大多数情况下，这会产生一个S形曲线。这意味着当采用政策的政府相对较少时，采用会首先缓慢上升。随着越来越多的政府采取这一措施，曲线变得更加陡峭。然而，过了一段时间，大多数政府都会采纳这一政策，并且扩散曲线开始趋于平稳。[②]

在我国，许多的政策扩散时空特征呈现全国互动模型下的S形曲线，如地方政府医药价格改革政策扩散。[③] 村级小微权力清单制度扩散和其他许多政策的扩散类似，在时间上呈现出 S 形曲线。2014 年，浙江宁波市所属宁海县在部分镇街试点后，在全县推开宁海县村级小微权力清单"36 条"，随后，同处宁波市的北仑县、象山县、余姚市等县（市、区）纷纷采纳该政策，"36 条"快速在宁波市扩散。2015 年，浙江 3 个地级的 8 个县（市、区）以上市采纳这一政策，杭州所属富阳区和桐庐县，温州市所属的瑞安市、平阳县和鹿城区，舟山的嵊泗县、定海区快速跟进，推进村级小微权力清单。如果说 2014 年小微权力清单还仅限于浙江省内宁波外，这一政策 2015 年扩散到省内杭州、温州和舟山等地，此外，省外安徽省天长市、铜陵市，河南省濮阳市，山东省威海市，四川省宜宾市长宁县，雅安市雨城区等地也开始采纳小微权力清单制度。到 2017 年，全国有更多地方采纳小微权力清单制度，该制度在全国扩散范围进一步扩大。2018 年中央 1 号文件明确提出，"推行村级小微权力清单制度，加大基层小微权力腐败惩处力度"。中央政策信号带动政策快速扩散，采纳小微权力清单地方政府数量急剧增加，扩散进入快速化轨道。2021—2022年，采纳这一制度的地区逐步减少，扩散趋于平缓（图 4-8）。

---

① TURNER R J, ROGERS E M. Diffusion of Innovations [M]. 5th ed. New York: Free Press, 2003: 257-261.

② BIESENBENDER S, TOSUN J. Domestic politics and the diffusion of international policy innovations: How does accommodation happen? [M]. Global Environmental Change, 2014 (29): 424-433.

③ 王洛忠，杨济溶. 地方政府医药价格改革的时空演进机理：以政策创新扩散为视角 [J]. 北京行政学院学报, 2020 (1): 1-13.

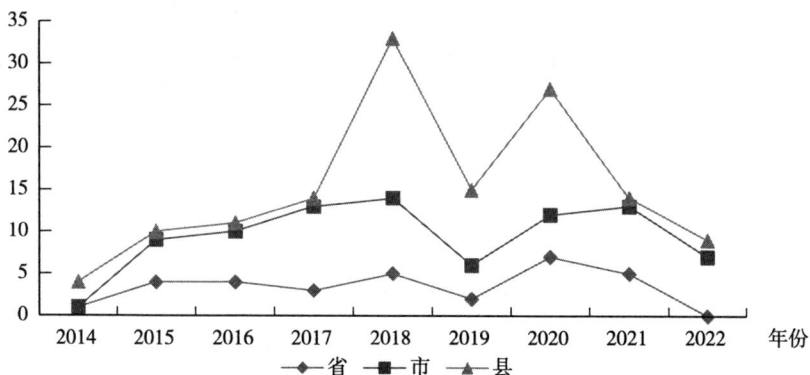

图 4-8　小微权力清单制度扩散时间特征

第二，村级小微权力清单制度扩散空间梯次推进特征。

虽然创新的空间扩散概念最初是在 20 世纪 60 年代的技术创新过程中进行研究的，但它后来在有关政策扩散的文献中被广泛采用。一般而言，扩散被理解为一个新的思想、制度、政策、模型或行为在地理上传播的过程。所以，早期扩散研究主要集中在相邻单位之间或区域范围内的政策传播。无论是受到区域经济竞争的压力，还是政策学习的需要，各地在采纳新政策时往往都会追随处于领先地位的邻近区域，从而呈现出空间梯次特征。[①]贝瑞夫妇将区域接近视为影响政策制定者收集信息的重要因素。[②]它表现为从上到下的层次结构，或从较大的管辖区域扩展到较小的区域，或形成采用政策的领导者—追随者—落后者格局。从小微权力清单制度扩散空间可以看出，村级小微权力清单制度扩散整体表现为由华东发达地区逐步向华北、华中和华南地区推进。

从空间看，政策扩散中心是大家熟知的创新能力较强的浙江，经济较发达的江苏和广东等东部发达省份采纳这一制度比安徽和山东等地要晚，采纳这一制度的还有较远的甘肃和四川等地。如果说政策扩散从时间上看呈 S 形，而从区域梯次扩散来看，村级小微权力清单制度存在邻近区域间的扩散效应。它以先采纳小微权力清单制度诞生的区域为中心，影响邻近区域，并由中心向外进行层级扩散，如浙江影响邻近的安徽，安徽再影响邻近的河南、河北、湖北、湖南等地，并向全国扩散。

沃克尔认为政策扩散是一个地区受内部特征如人口规模、财富与外部影响

①　CORIANNE P S. The Past and Future of Housing Policy Innovation：The Case of US State Housing Trust Funds，Housing Studies，2012，27：1，127-150.

②　BERRY F S，BERRY W D . State Lottery Adoptions as Policy Innovations：An Event History Analysis ［J］. American Political Science Review，1990（84）：395-415.

的函数。① 从外部来看，主要涉及学习、模仿和竞争等扩散机制。② 无论哪种扩散机制，都反映了创新扩散的学习、竞争或模仿之间的相互作用。正如格雷对沃克的疑问一样，政治和经济内部因素对于证明哪个政府首先采用或最后采用是有用的，而它们却不能在政策创新扩散中解释政府行为。显然，政府领导者的交流和互动方式对于解释政策创新扩散逻辑至关重要。③ 一个地区内部政治经济因素与外部因素如学习、竞争或模仿机制等成为解释扩散最重要的原因。人们认为问题严重性、政府可用资源量以及政府决策导向是影响政策创新扩散三个最主要的方面④，这意味着政策扩散首先是问题导向的或者说是因为地方政府面临的问题推动他们去创新或采纳某一政策，而政府互动或政府资源可用量是决定政府是否采纳某一政策重要影响因素。村级小微权力清单制度出台后，不仅新华社、央视等中央媒体进行广泛报道，而且中组部等部门刊文推介到全国。当中央政府释放的政策创新扩散某种信号时，各地方政府会捕捉到中央政府这些信息，他们重新分配注意力，将村级小微权力清单议程优先提上议事日程，以示对上级政策导向的重视与遵从，从而带来了政策的扩散。而从横向来看，一个地方会向相邻地区寻求政策构想，一旦一个政策创新出现，就会产生溢出甚至是传染效应，使得政策学习和政策模仿成为可能⑤。浙江内部一些地方间的政策创新会向邻近地区扩散，并向外省的一些地方扩散，不少地方政府会采纳村级小微权力清单制度。

总之，村级小微权力清单制度的实施开始只限于宁波地区的几个县（市、区）如宁海、象山等地，随后向邻近的杭州、温州、舟山和省外的安徽省滁州市和铜陵市等地扩散，华东地区的宁波、杭州、温州、舟山、滁州和铜陵等几个市成为政策扩散的领导者，并向华北地区和华中地区扩散，如北京、河北、河南、湖南等成为政策早期采纳者；2018 年，随着中央 1 号文件的倡议，村级小微权力清单制度得到了爆发，在许多地方得以实施，成为早期的多数，包括上海市、江苏省、广东省、天津市、江西省、内蒙古、黑龙江省等地纷纷跟进。2020 年 3 月，陕西省、河北、河南和宁夏四个省（自治区）发布推行村级小微权力清单制度的通知、意见，从省级层面出台统一的政策文件。2021—

---

① WALKER J L. The Diffusion of Innovations Among the American States [J]. The American Political Science Review，1969，63（3）：880 - 899.

② BAYBECK B B . Using Geographic Information Systems to Study Interstate Competition [J]. American Political Science Review，2005，99（4）：505 - 519.

③ GRAY V . Innovation in the States：A Diffusion Study [J]. American Political Science Review，1973，67（4）：1174 - 1185.

④ NICE D C. Policy innovation in state government [D]. Ames：Iowa State University，1994.

⑤ VIRGINIA G. Innovation in the States：A Diffusion Study [J]. The American Political Science Review，1973，67（4）：1174 - 1185.

2022 年，村级小微权力清单制度逐步进入政策平缓期，跟进这一政策的地方逐步减少，成为政策晚期少数。

4.2.3 自上而下定点试验：农村改革试验区政策扩散

如果说在自下而上的政策创新扩散中，地方创新或本地经验起着主导作用，那么在自上而下的政策创新扩散中，中央政府则起着更为重要的作用。中央政府可以迫使地方政府执行某些公共政策，还可以向各地方政府发出有关其选择和未来行动方向的信号。[①] 此外，中央政府可以通过改变创新壁垒的强度或提供资源来克服创新的壁垒，为地方政府政策创新或采纳某一创新的政策提供便利。[②] 当中央政府干预地方政策制定时，政策扩散便成为从上到下的垂直过程。

（1）从单一地方试验到"摸着石头过河"与"加强顶层设计"结合成为新时代主要政策过程

中央政府虽然很重视地方试验，但更加强调政策的顶层设计。中国是单一制国家，而地区分散化威权主义体制为地方政策试验提供了制度空间。具有中国特色的联邦制—分权制对中国各级政府施加了限制，不仅限制了中央政府对经济的控制，而且还通过引入地区间竞争机制来限制地方政府的行为并增强地方政府的地位，为经济提供动力。[③] 地区竞争最核心的体现为 GDP 竞争，GDP 增长体现为该地区有较高的财政收入。同时，在分权制下，由于将地区发展与官员晋升连在一起，不同地区间锦标赛式竞争也为地方官员创新和改革提供动力。[④] 这种地方改革创新是一种不完全契约，在改革不确定背景下，各个利益主体只能走一步看一步，等情况明晰之后再进行谈判和利益分配。如果地方政策试验创新得到上级认可，其政策试验则会成为上级甚至国家政策被推广到全国，中央和地方共享改革成功的收益。而一旦失利，地方则要承担政策创新的风险。[⑤]

在改革和发展的第一阶段，因为我们没有成功的经验可以学习，所以我们

① ALLEN M D, PETTUS C, HAIDER – MARKEL D P. Making the National Local：Specifying the Conditions for National Government Influence on State Policy making [J]. State Politics &. Policy Quarterly, 2004，4（3）：318 – 344.

② ANDREW K. National Intervention and The Diffusion of Policy Innovations [J]. American Politics Research，2006，34（4）：403 – 436.

③ MONTINOLA G, QIAN Y Y, WEINGAST B. Federalism, Chinese Style：The Political Basis for Economic Success in China [J]. World Politics，1995，48（1）：50 – 81.

④ XU C G. The Fundamental Institutions of China's Reforms and Development [J]. Journal of E-conomic Literature，2011，49（4）：1076 – 1151.

⑤ 聂辉华. 对中国深层次改革的思考：不完全契约的视角 [J]. 国际经济评论，2011（1）：129 – 140.

只有"摸着石头过河",大胆冒险,大胆尝试。邓小平强调:"改革开放一定要大胆,不要像小脚女人那样不敢尝试。看准了的,就大胆地试,大胆地闯。"①"在全国的统一方案拿出来以前,可以先从局部做起,从一个地区、一个行业做起,逐步推开。中央各部门要允许和鼓励它们进行这种试验。"② 通过试错来探索规律,边做边总结,发现问题即刻纠正。可以说,"摸着石头过河"是特定时代背景下改革路径的一种理性选择。

自 1978 年以来,改革路径上几乎所有主要步骤都在全国多个地区试行过。财政分权体制则为地方政策试验提供了制度空间。在分权下,中央政府集中政治权力,适当分散经济权力。由于地方政府由中央政府任命产生,因此地方政府要遵守中央政策,而权力下放则为地方政府的经济发展提供了动力。③ 这种权力下放形成了一个联邦市场体系,该体系可以维持市场的稳定,虽然存在生产要素如地方、资本和劳动力之间的竞争。除了提供公共产品外,地方政府还必须为区域发展提供良好的环境,以防止资本外流到其他地区。④ 地方政府不仅要有能力和资源来发起区域改革试验,而且也要努力开展创新试验。代表性的如 1977 年安徽省委第一书记万里在安徽一些地方开展了土地改革试验,促进肥西县"承包转户"政策和凤阳县小港村"承包转户"政策的成功,为中国农村改革开辟了新道路。

随着改革进入深水区,我国的改革问题千头万绪,"摸着石头过河"已经不能适应全新时代改革发展的需求。时代需要党和政府高瞻远瞩和总揽全局,对我国改革发展进行总体谋划、整体规划和长远规划,正如习近平总书记所说,我们要加强宏观思考和顶层设计,更加注重改革的系统性、整体性、协同性。⑤ 顶层设计是"摸着石头过河"方法的辩证发展,是习近平总书记改革方法论的重要特点。当然,顶层设计并不能完全排除"摸着石头过河",而是将两者结合在一起。习近平总书记强调,改革必须坚持正确的方法。"摸着石头过河"是一种具有中国特色,适合中国国情的改革方法。"摸着石头过河""加强顶层设计"是辩证统一的关系,应以"加强顶层设计"为指导,促进局部改革和开放,在促进局部改革和开放的基础上,计划加强顶层设计。要充分发挥地方的积极性,加强中央的宏观规划,把"摸着石头过河"和"加强顶层设

---

① 邓小平. 邓小平文选:第三卷 [M]. 北京:人民出版社,1994:372.

② 邓小平. 邓小平文选:第二卷 [M]. 北京:人民出版社,1994:150.

③ XU C G. The Fundamental Institutions of China's Reforms and Development [J]. Journal of Economic Literature,2011,49 (4):1076-1151.

④ MONTINOLA G,QIAN Y Y,WEINGAST B. Federalism,Chinese Style:The Political Basis for Economic Success in China [J]. World Politics,1995,48 (1):50-81.

⑤ 习近平. 在中共中央政治局第二次集体学习时的讲话 [N]. 人民日报,2013-01-02 (1).

计"结合起来。

（2）自上而下的中央政策导向在地方政策试验方面起着重要作用

关于纵向政策创新扩散机制，中央政策导向在地方政策创新扩散中起着重要作用，例如提供信息以吸引地方政府注意，影响地方政策变化以及指导地方政府行动。[①] 中央对"三农"工作一直非常重视，尤以每年发布的中央1号文件为代表。"文化大革命"后，国家迫切需要对农村事务进行改革和创新，并制定政策来推动家庭联产承包责任制。自2004年以来，中央政府发布关于农业、农村、农民的"中央1号文件"已成为惯例。

进入新时代，以习近平总书记为核心的党中央更加重视"三农"问题，在中央1号文件中反复强调要以城乡一体、"四化同步"等基本战略思想为指导，推进现代农业发展，全面深化农村改革。"促进探索和创新，以明确的成果支持地方创新，并尊重农民的做法和创造"；"农村土地制度改革试点计划稳步推进，扩大以村民小组为基础的村民自治试点项目，并继续做好工作。以社区为基础的试点村民自治。"中央有关全面深化农村改革的政策导向，显示了中央改革的决心，鼓励地方先行先试则为地方政策试验提供了政策空间。中央1号文件中明确地方进行农村土地征收、集体经营性建设用地入市、宅基地制度试点改革以及村民自治试点，通过中央1号文件这样的权威政策来释放政策创新扩散的信号，从而为农村全面改革的政策创新和制度创新扩散指明方向。

（3）中央政府通过地方政策试验，将地方经验上升为国家政策，自上而下地在全国扩散

为了提高国家政策的适用性，中央政府强调需要在农村改革的关键领域和关键方面进行探索性试验和体制创新，为制定和完善相关政策法规提供基础。2011年12月，农业部在中央农村工作领导小组的直接领导下，与20多个部门（包括中央农业办公室、中央组织部、中央政策研究室等）启动新形势下农村改革试验区的工作。在中央农村工作领导小组的批准下，第一批24个农村改革试点地区产生，包括北京市大兴区和河北省玉田县。2013年中央1号文件明确要求，尊重农民首创精神，鼓励各地积极探索、勇于改革、大胆创新，做好农村改革试验区工作，及时总结推广各地成功经验。2014年由农业部牵头又批准34个县市作为第二批农村改革试验区，根据党的十八届三中全会精神，部署了5个方面共19项试验任务，覆盖全国28个省（区、市）。此后几年，农村改革试验区根据新的改革形势要求不断拓展试验任务。截至2019年，全国58个农村改革试验区承担中央部署的改革试验任务226批次，基本覆盖

[①] MCCANN P J C, SHIPAN C R, VOLDEN C. Top-down Federalism: State Policy Responses to National Government Discussions [J]. The Journal of Federalism, 2015, 45 (4): 495-525.

了农村改革的各个领域。试验区围绕全面深化改革重点领域和关键环节，先行先试，为农村改革的全面深化积累了经验。

2014 年中央 1 号文件提出，可开展以社区、村民小组为基本单元的村民自治试点，为加强农村基层组织建设，完善村党组织领导下的村民自治体系和有效实现形式，拓宽村民自治渠道和空间。近几年，农村政策试验由以促进农村经济发展为主逐渐转向农村治理方面。2019 年，中共中央办公厅、国务院办公厅印发《关于以村民小组或自然村为基本单元的村民自治试点方案的通知》，各省（自治区）立足本地实际，积极探索村民自治有效形式的试验。2019 年 6 月，中央农办六部委联合印发了《关于开展乡村治理体系建设试点示范工作的通知》和《关于开展乡村治理示范村镇创建工作的通知》，试图通过试点试验，探索自治、法治、德治相结合的乡村治理路径方法，引领全国乡村治理体系建设。在县级层面，确定 115 个县（市、区）为乡村治理体系建设首批试点单位；在村镇局面，认定 100 个示范乡（镇）和 1 000 个示范村，具体如表 4 - 4。

表 4 - 4　农村改革政策试验及试验任务

序号	时间	农村改革试验区或试点项目及试点数量	试验或试验任务
1	2012 年	24 个农村改革试验区（第一批）	7 项：农村金融改革试验；农村产权制度改革试验；现代农业经营体制机制改革试验；城乡发展一体化改革试验；城乡公共服务均等化改革试验；支农资金管理体制机制改革试验；垦地合作发展模式改革试验
2	2014 年	34 个农村改革试验区（第二批）	5 个方面共 19 项试验任务：主要涉及土地承包经营权流转管理、土地承包经营权退出、深化集体林权制度改革、农村产权流转交易市场建设、涉农建设性资金整合试点等改革试验任务
3	2019 年	115 个乡村治理体系建设试点县（市、区）	探索共建共治共享的治理体制；探索乡村治理与经济社会协调发展的机制；探索完善乡村治理的组织体系；探索党组织领导的自治法治德治相结合的路径；完善基层治理方式；创新村民议事协商形式；创新现代乡村治理手段
4	2019 年	100 个示范乡（镇）1 000 个示范村	示范村 6 个标准：村党组织领导有力；村民自治依法规范；法治理念深入人心；文化道德形成新风；乡村发展充满活力；农村社会安定有序　示范乡（镇）4 个标准：乡村治理工作机制健全；基层管理服务便捷高效；农村公共事务监督有效；乡村社会治理成效明显

（4）本节小结

政策试验一直是公共政策研究领域关注的中心问题之一，人们认为，分散的试验和公共政策的相互学习被认为是联邦制度创新的重要优势之一。分散的联邦更有助于公共政策创新和采纳，因为分散化试验和相互的政策学习近年得到了长足的发展。① 对中国的政策而言，一方面，政策试验经常被认为是促进体制创新的有力手段，它将自下而上的创新和地方经验注入国家政策过程，从而避免在黑暗中摸索，这是中国独具特色的政策制定过程。② 因为决策者可以鼓励或启动地方试验，这些试验累积后转化为渐进的政策变迁。还有学者认为，试验是基于中央选择性控制的。③ 地方政策试验的作用被高估了，中央政府控制着地方政策试验变量，判断什么试验变量促进试验的成功，并选择在国家层面复制哪些实验。④ 我们认为，中国的政策制定过程是地方政策试验与中央顶层设计相结合的结果。一方面，以广西宜州为代表的地方探索村民自治实现形式，形成乡村治理制度创新。当这一治理体系创新不断扩散到其他地方时，它就像滚雪球一样，最终推动中央政府认可村民自治这一治理创新，从而实现自下而上的扩散；另一方面，在中央政策的顶层设计下，鼓励农村地区进行以地方和地方政策为中心的探索性试验，再将地方试验吸收到政策体系中，并通过命令或指示在全国范围内实现乡村治理创新扩散。

与改革开放初期不同，新时代有关农村改革政策试验有几个明显的特点：一是中央成立了组织机构，包括农业部等 20 多个部委，并通过联席会议的工作机制来讨论和决定农村改革试验的有关议题。二是中央政府对地方试验进行任务分配和设计规划。中央政府并非让地方自主试验，而是设置了农村基本经营制度、农村产权制度等改革主题，围绕不同的主题来安排试验项目，不同的地方承担不同的试验项目。三是中央政府规定了地方试验的政策空间。中央政府已适当地规范试验领域，并允许已批准的实验领域和实验项目超出某些现有系统和政策约束。同时，为防范可能的风险，中央强调实行封闭运行的原则。四是中央政府对地方试验进行考核评估。为了解地方试验区组织实施情况、成果创新性和适用性、存在问题和风险等，中央政府通过试验区自评和专家第三方评估相结合的方式，对试验区进行督察和评估。

---

① SAAM N J, KERBER W. Policy Innovation, Decentralised Experimentation, and Laboratory Federalism [J]. Social Science Electronic Publishing, 2013, 16 (1): 1 - 15.

② HEILMANN S. Policy Experimentation in China's Economic Rise [J]. Studies of Comparative and International Development, 2008, 43 (1): 1 - 26.

③ 刘培伟. 基于中央选择性控制的试验 [J]. 开放时代, 2010 (4): 59 - 81.

④ MEI C Q, LIU Z L. Experiment - Based Policy Making or Conscious Policy Design? The Case of Urban Housing Reform in China [J]. Policy Sciences, 2014, 47 (3): 321 - 337.

正是在以习近平同志为核心的党中央领导下，在中央顶层设计和相关部委的指导下，乡村治理改革创新不断涌现，如山东省寿光市东斟灌乡村治理模式、浙江省江山市村级事务准入制、广东省清远市乡村治理"三个重心下移"模式等，既为新时代乡村振兴提供了丰富的学习素材，同时也为农村治理创新政策过程提供了范本。总之，通过规范和监督地方的实验创新，中央政府把有价值的农村治理创新吸收到国家政策中，并最终实现顶层设计和基层研究的有机结合与良性互动。

5 乡村治理政策创新扩散影响因素与问题

5.1　政策创新扩散的影响因素

近几十年来，政治学方面的学者对政策创新的扩散进行了广泛的研究。在关于政策创新扩散的文献中，政府采纳新政策主要有三个模型：内部决定因素模型、区域扩散模型和国家互动模型。①

内部决定因素模型假设，地区政府的决策过程是完全独立的，因此任何地区都不会受到其他地区的任何影响。这个解释一般已经用横截面回归（或者说过程）模型进行了检验，其中因变量是一个地区潜在的政策采纳者采纳政策的时间，或者是某地区是否在某个日期之前采纳了政策，自变量是该地区内部的政治、经济和社会条件。内部决定因素模型通过关注各地区内政治、经济和社会条件来解释采纳倾向，衡量了各地区对政策修改的接受程度。

区域扩散模型考虑了一个或多个地区对某一个地区政府行为的影响。也就是说，一个地区可能会向邻近地区借鉴一个想法，或者某个特定的地区可能会在同一时间采纳类似的政策。②

区域扩散模型认为，由于已经采取该政策的邻近地区数量在增加，该地区更有可能采纳该政策。也就是沃克尔所说的政策扩散采纳是州内部特征如人口规模、财富和外部影响的函数。③ 一个特别重要的外部因素是邻州的行为。创新经常在一个区域中扩散，如加利福尼亚州、密歇根州和纽约州制定了一些政策，这会让与它们共享边界的州效仿。沃克尔试图通过经验来说明州的政策选择对彼此的影响，换句话说，州是如何影响他们的邻居或同伴政策选择的。实践中我们发现一些州长期以来一直被视为政策领导者，他们相对于同行具有竞

① BERRY F S. Sizing Up State Policy Innovation Research [J]. Policy Studies Journal，1994，22 (3)：442 - 456.

② WHITAKER E A，HERIAN M N，LARIMER C W，et al. The Determinants of Policy Introduction and Bill Adoption：Examining Minimum Wage Increases in the A merican States，1997—2006 [J]. Policy Studies Journal，2012，40 (4)：625 - 650.

③ WALKER J L. The Diffusion of Innovations among the American States [J]. The American Political Science Review，1969，63 (3)：880 - 899.

争优势，而其他州则被视为政策落后者。所以，各州可能借用、采纳邻州的政策，这既是实施决策的捷径，也是一种提升竞争的手段。①

尽管州内部的某些因素如政治体系、经济条件等会影响到各州采取的政策的性质，但一个州的邻州似乎也是一个影响政策性质的独立因素。沃克尔对近100 种不同政策的采纳模式的影响因素分析发现，地理上相近的州往往采用类似的政策，而且随着时间的推移，采纳政策的顺序也相似，这种现象就是人们所说的"政策扩散"。由此继沃克尔之后，许多关于州政策采纳的研究也开始关注各个州的内部因素（所谓的内部决定因素）以及州之间的相互影响力（扩散压力）。②

在沃克尔研究的基础上，格雷将采纳"受州和时间段影响的条件概率"的定义来分析福利政策的采纳。格雷的研究表明，特定的州和时间段的扩散模型可能比沃克提出的广义政策扩散模型更好地解释政策。

国家互动模型假定州官员之间有一个国家通信网络，在这个网络中，政策采纳州的官员可以自由地与潜在的政策采纳州的官员进行互动和交流。它假设一个还没有采纳政策的州可能将在某一年会采纳该政策，这与该地官员和已经采纳州的官员之间的互动频率成正比。这个假设导致了一个预测，即采纳创新按时间累积比例的图形显示 S 形，这个预测可以用时间序列回归分析来测试。格雷和梦泽尔（Menzel & Feller）发现，采纳若干州政策的时机，包括关于子女抚养权的家庭计划、民权法、教育政策和高速公路技术的采纳时机基本符合这个模式。虽然政策创新和行政管理创新都应受区域扩散和国家互动模式的双重影响，但在政策创新的情况下，我们可以预期区域影响力会更强，国家通信网络在行政创新中的作用也会更强。这是因为现实中被选举官员会鼓励政策地区主义，因为选民会关注邻州政策的变化而不是中央政府政策的变化，因此被选举官员更有可能效仿邻州采纳的政策。相比之下，功能性组织如利益团体在各州之间共同的职业兴趣使得他们比州长和立法者更有可能向全国各地的同行学习。③

格雷的工作是沃克尔的研究与贝瑞夫妇相关的扩散分析之间的桥梁。贝瑞夫妇将莫尔（Mohr）的组织创新理论应用于政府政策创新，他们分析州彩票政策采纳时发展了一个统一的政策扩散模型。他们认为，内部决定因素模型和区域扩散模型都可以有效解释政策创新和扩散，并强调这两种模型应该在实证

①② MOKHER C G, MICHAEL K M. Uniting Secondary and Postsecondary Education: An Event History Analysis of State Adoption of Dual Enrollment Policies [J]. American Journal of Education, 2009 (115): 249-277.

③ BERRY F S. Sizing Up State Policy Innovation Research [J]. Policy Studies Journal, 1994, 22 (3): 442-456.

分析中统一起来。他们构建的政策创新研究的统一框架被归纳为一系列源自莫尔组织创新理论的政策创新动机、障碍和资源。

此外，贝瑞夫妇在动态政策创新扩散过程中采用离散事件历史分析（EHA）方法，并基于他们提出的统一框架来分析彩票创新扩散的经验模型。[①] 这是一种借助生物统计学的强有力的方法学技术，将内因和外因两种解释结合成一个研究州政策采纳的统一方法。[②] 他们发现先前的扩散研究存在方法论上的弱点：分析依赖于州内和州际解释的单独分析，未能说明每个竞争模型中规定的因果因素。贝瑞夫妇通过事件历史分析（EHA）解决了这一弱点，并且日益成为重要分析框架。[③]

5.1.1 内部因素

随着对政策创新扩散研究的深入，政策扩散动力包括内部和外部两类解释性因素。其中，内部决定因素模型往往用地区内经济、政治和社会条件来解释采纳倾向，这种模型基本上衡量了地区对政策创新的接受程度。

首先，地区的经济发展水平对于地区的政策采纳具有重要影响。一般而言，经济发展水平越高的地区越有可能采纳新的项目或政策。[④] 许多研究表明，决策者的相对财富或"自由灵活"资源的可获得程度，是决策者采取新的技术或政策的意愿的重要决定因素。[⑤] 沃克尔指出经济发达的州更有可能采纳某一项也许并不需要大量财政预算的政策，因为经济越发达，应对风险的能力就越强。如果有更多资源可用，无论是金钱还是高技能、专业的员工，决策者都能负担得起试验的成本和可能失败的风险。那些更大、更富裕的州有最发达的产业经济和最大的城市，拥有最高的创新得分。很可能这个州的大都市中心，就是大部分社会创意资源集中的地方，也是最适应这种变化，并第一个采用新方案的地方。也就是说国家的工业化地区、城市、大都会中心更容易接受

① HEINZE T. Mechanism‐Based Thinking on Policy Diffusion. A Review of Current Approaches in Political Science [J]. Kfg Working Papers，2011，(34).

② Mokher C G，Mclendon M K. Uniting Secondary and Postsecondary Education：An Event History Analysis of State Adoption of Dual Enrollment Policies [J]. American Journal of Education，2009 (115)：249－277.

③ BERRY F S，BERRY W D. State Lottery Adoptions as Policy Innovations：An Event History Analysis [J]. American Political Science Review，1990，84（2）：395－415.

④ 杨代福，刘新. 美国社会治理创新扩散：特征、机制及对中国的启示 [J]. 地方治理研究，2018（1）：49－64，80.

⑤ ROGERS E M. Diffusion of Innovations [M]. New York：Free Press，1962：40，285－289.

变革和试验①。

其次，政府内部政治因素会影响政策扩散。总统选举、最高法院的决定以及国家舆论模式都会影响政策扩散过程。联邦政府官员也可以使用各种工具来影响地方活动，他们可以提供财政激励措施，促使政策更广泛和更迅速地扩散；可以通过采用州或地方行为者的计划来促进政策的扩散；可以向各州发送有关他们的偏好和未来行动方向的信号；还可以通过改变阻碍创新的障碍的力量或通过提供资源来帮助克服这些障碍。联邦政府干预或多或少地使扩散成为可能，当联邦政府干预同时影响多个州的政策制定时，扩散就成了一个过程。② 比如，布什总统关于干细胞研究的国家电视讲话以及关于"干细胞研究增强法案"的争论增加了一个地方的官员在推进干细胞相关立法方面的可能性，联邦政府的活动似乎也增加了立法者提出的法案的数量。这些结果说明了政治力量会影响公共政策的制定，从而在议程设置过程中起到扩散机制的作用。③

最后，问题导向也是引发政策扩散的因素。政府的创新往往发生在三个广泛领域，包括政府面对的问题严重与否、政府可用资源以及政府活动。④ 任何一个政府都可能会遇到问题，严重的问题可能会导致危机，需要纠正缺陷或彻底解决；问题也可能推动利益团体给决策者施加更多压力，迫使决策者关注这些问题。有些问题可能并不严重，可能只需要简单的调整或轻微的政策变更。正因此，学者们认为，内部三因素：问题严重性、对问题作出反应的体制能力以及政治背景会影响政策创新扩散⑤。创新经常发生在各国处理导致压力的问题的环境中，这些问题可能包括计划失败、财务状况不佳以及需要决策者作出回应的其他需求。人们认为危机为政策创新创造了机会，问题严重与否可能不一定包含危机，但问题可能会鼓励决策者者寻找新的更好的做法，从而导致政策变化。⑥ 资源可用性也是影响因素之一，毕竟创新或采纳一个创新的政策是需要资源来支撑的；此外，良好的社会条件促进了政策创新的扩散，如美国的联邦制度为中央政府和州政府制定政策来解决社会问题创造了机会。因为这

---

① WALKER J L. The Diffusion of Innovations among the American States [J]. The American Political Science Review，1969，63（3）：880 – 899.

②③ KARCH A. Vertical Diffusion and the Policy – Making Process：The Politics of Embryonic Stem Cell Research [J]. Political Research Quarterly，2012，65（1）：48 – 61.

④ NICE D C. Policy innovation in state government [M]. Ames：Iowa State University Press，1994.

⑤ BACOT A H，DAWES R A. Responses to Federal Devolution：Measuring State Environmental Efforts [J]. State and Local Government Review，1996，28（2）：124 – 135.

⑥ SATTERTHWAITE S B. Innovation and Diffusion of Managed Care in Medicaid Programs [J]. State and Local Government Review，2002，34（2）：116 – 126.

些独立但相互联系的政府可以互相观察行动，在一个地方受到阻碍或不实际的政策在另一个地方却可能会蓬勃发展。

5.1.2 外部因素

政府行动的第二种解释集中在外部因素上，其中最重要的是其他政府行为的影响。地方政府希望了解来自邻近地区的新政策，同时邻近地区之间的竞争促进了政策的扩散。地方政府希望新政策能产生积极的效果，例如增加就业或改善环境条件，同时避免负面溢出或外部影响，这种动态可能会造成"竞争到底"或"到顶端的竞争"。例如，如果一个地区改变了营商环境，这是一个积极的变化，企业就有可能倾向于留在这个地方。如果是负面变化，企业则可能考虑退出该地区。无论是哪种情况，这种政策溢出性都会影响每个地方政府。虽然外部因素的影响受到很多的批评①，但外部影响因素是政府了解其他政府和通过政策网络的社会学习感知到竞争、压力的重要通道。

在外部影响因素上，政策学习和竞争是两个主要的解释机制。一般认为，政府官员在寻找复杂问题的答案时，他们会等待并观察政策在其他地方是如何运作的。由于政治和人口相似性原因和政治网络的存在，官员们首先会向相邻地区了解政策。在经济竞争中，官员采纳政策是为了获得超越相邻地区的经济优势，这种经济优势有助于地方政府吸引"最佳居民"。

社会学习和经济竞争模式都是地方官员推断扩散发生的理论依据。如 A 地通过了政策 1，B 地的政府官员或者因为社会学习或者因为经济竞争而采纳类似的政策（图 5-1）。相比之下，图 5-2 所示的社会传染模式则表明，扩散是通过公众进行的。A 地采取政策 1，B 地公众意识到政策 1，公众会通过媒体等影响舆论和政府官员，B 地政府官员对变化中的舆论作出回应，然后在本地采纳政策 1。社会学习和经济竞争模式集中体现在地方官员的学习和竞争，而社会传染模式则表明公众在政策扩散中扮演着重要的角色，即使不是主要角色。② 有关舆论与政策之间的研究表明，政府机构的集体决策与公众偏好密切相关。斯考契波（Skocpol）指出，舆论往往受到先前存在的政府机构和计划的影

---

① VOLDEN C，TING M M，CARPENTER D P. A Formal Model of Learning and Policy Diffusion [J]. The American Political Science Review，2008，102（3）：319-332.

② PACHECO J. The Social Contagion Model：Exploring the Role of Public Opinion on the Diffusion of Antismoking Legislation across the American States [J]. The Journal of Politics，2012，74（1）：187-202.

响，舆论和以前的政策决定都有助于对变革和创新的具体定位给出引导。① 除了公众的态度之外，政党的立场和政府改变政策的经验可能会进一步推动政府改革的方向，也会带来政策的扩散。

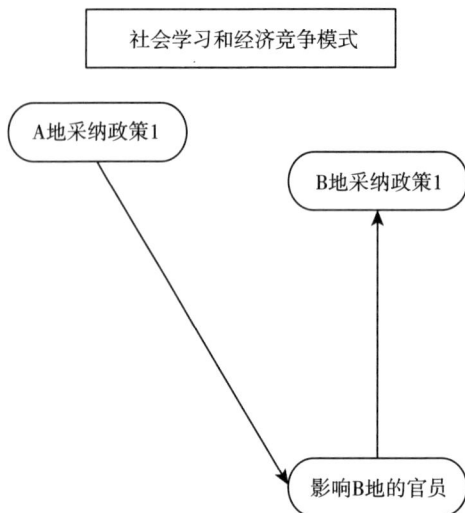

图 5-1　社会学习和经济竞争模式

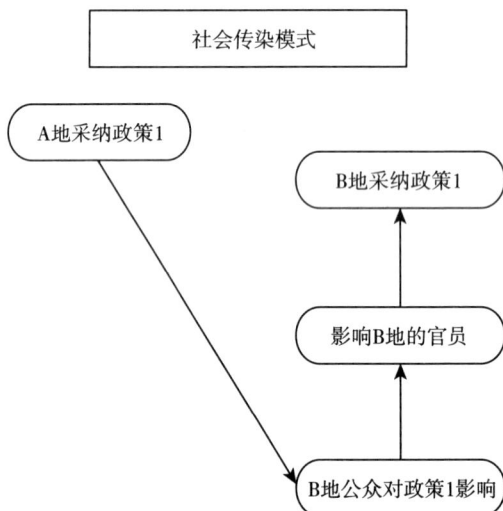

图 5-2　社会传染模式

　① SHAD B. Satterthwaite. Innovation and Diffusion of Managed Care in Medicaid Programs [J]. State and Local Government Review，2002，34（2）：116-126.

　　总之，政府可以进行横向的学习。创新扩散的研究表明，政策制定者经常效仿邻近地区的政策，因为这些管辖区倾向于学习具有类似的意识形态、经济和人口统计特征的地区。① 区域网络使他们更有可能了解邻近地区的政策，从而推动政府采纳与本地区一样采取类似政策或特别具有创新性的政策。同时，政策制定者总是会追随创新型政府的领先地位，并期待其他地方政府了解政策，适应政策连续性来追随领先的地方政府。当然，随着技术的变革、专业组织的发展以及国家政策网络的拓宽，区域网络在政策扩散中的重要性可能正在下降。

　　当然，区域政府间压力也是重要因素。穆尼（Mooney）认为，有关政策的信息扩散可能会产生积极或消极的影响。换句话说，一个地方可能决定不采用政策，因为他们认为相邻的地区政策不成功。考虑到评估政策影响的难度，扩散可能不会对政策采纳产生一致的影响。因此，外部影响的方向仍然不确定。即使政策含糊不清，区域压力也可能占上风。或者，随着越来越多的州采纳政策，落后的州可能就有一些动力去等待，看看相邻地区政策实施的进展情况如何。②

　　扩散理论认为，如果相邻地区已经采取类似的政策，地方政府更可能采纳政策。地方决策者也可以从其他地区的经验中学习，来决定是否采纳其他地区已经开始的政策。扩散的压力可以是水平的，如从地方到地方；也可以是垂直的，如从中央到地方或地方到中央。事实上，中央集权的国家政策网络已被证明可以促进各地区实施同样的政策，实现政策扩散。③ 实践中，中央政府可以通过提供有关特定类型政策成功的重要信号，在后续的政策学习过程中发挥作用。中央政府的各个部门可以对地方政策制定施加影响，如美国联邦法院裁决提供的关于先前存在的州政策成功（或失败）的信息不仅影响其他州是否采取政策的决定，而且还会影响法律的起草方式。在颁布新法律之前，地方决策者为什么要关注法庭判决，这是有充分理由的，因为它需要为各种决策意见提供重要信息支撑。联邦上诉法院的情况尤其如此，因为它对多个州都具有约束力。联邦上诉法院这样的主体可以提供准确信息，因为它包含多个司法管辖

　　① DALEY D M, GARAND J C. Horizontal Diffusion, Vertical Diffusion, and Internal Pressure in State Environmental Policymaking, 1989—1998 [J]. American Politics Research, 2005, 33 (5): 615 - 644.

　　② DALEY D M. Voluntary Approaches to Environmental Problems: Exploring the Rise of Nontraditional Public Policy [J]. The Policy Studies Journal, 2007, 35 (2): 165 - 180.

　　③ TAYLOR J K, LEWIS D C, JACOBSMEIER M L, et al. Content and Complexity in Policy Reinvention and Diffusion: Gay and Transgender - Inclusive Laws against Discrimination [J]. State Politics & Policy Quarterly, 2012, 12 (1): 75 - 98.

区的相关信息，以保证在一个司法管辖区作出裁决同样也适用在其他司法管辖区。①

5.1.3 政策属性

虽然政府互动等因素是影响政策扩散最主要的变量，但地方政府间政策创新的扩散也受到采纳者特征和政策特征的影响。在采纳者的特征中，现有的研究分析了诸如地区之间的地理邻近性以及诸如流行意识形态等地区的属性，地区掌握的资源，以及领导者的个体特征等因素。同时，"对政策属性的关注不够"可能会限制普遍性的扩散研究。如果只是关注政策扩散的空间特征和政府间关系对政策扩散的影响，而忽略了政策性质对政策扩散的影响，那缺乏对这些政策差异的总体研究就会限制跨研究累积构建知识的可能性。② 需被扩散的政策的属性如政策类型、政策复杂性、政策显著性等③，以及实施政策创新的成本等变量、政策要解决的问题的严重性，都会影响政策的扩散。这就推动了人们开始关注创新的特点、属性是如何影响政策扩散的。④ 如有学者提出创新的六个属性可能与扩散有关，包括任务复杂性、普遍性、可交流性、评估的特异性、与当前技术的背离以及成本。⑤ 还有学者利用现有的模型来模拟诸如成本、复杂性、显著性和脆弱性等属性随时间的推移是如何影响创新的。这些研究提高了我们对政策扩散机制的理解。具有高度显著性和有限复杂性的政策容易获得公众对其采用的支持，从而引发政策在各州之间的快速扩散。相反，复杂而昂贵的政策需要对其进行专业分析，增加决策成本，从而影响扩散速度。⑥ 实施一项创新的相对成本是影响政策扩散的重要因素，在没有政府组织的盈利能力或投资回报率标准的情况下，实施成本而非运营成本可能是公共部门创新过程中最重要的经济变量。成本越高，其扩散的可能性也就越小。⑦

关于政策属性对政策扩散影响的研究首推罗杰斯，他区分了五个创新的政

---

① HINKLE R K. Using Statutory Text to Explore the Impact of Federal Courts on State Policy Diffusion [J]. American Journal of Political Science，2015，59（4）：1002 - 1021.

②③ MAKSE T，VOLDEN C. The Role of Policy Attributes in the Diffusion of Innovations [J]. Journal of Politics，2011，73（1）：108 - 124.

④ NICHOLSON - CROTTY S. The Politics of Diffusion：Public Policy in the American States [J]. The Journal of Politics，2009，71（1）：192 - 205.

⑤⑦ PERRY J L，KRAEMER K L. Innovation attributes，policy intervention，and the diffusion of computer applications among local governments [J]. Policy Sciences，1978，9（2）：179 - 205.

⑥ BOUSHEY G，et al. Targeted for Diffusion? How the Use and Acceptance of Stereotypes Shape the Diffusion of Criminal Justice Policy Innovations in the American States [J]. American Political Science Review，2016，110（1）：198 - 214.

策属性[①]：相对优势、兼容性、复杂性、可观察性和可试验性。[②] 通常，相对优势是指创新比以前显得更好，相对优势有许多子维度：经济获利的程度、较低的初始成本、不舒适感的减少、时间和精力的节省以及回报的即时性。所以说相对优势是一个与公共政策制定相关的概念，因为政策的效益和成本的比较在决策过程中是司空见惯的。[③]创新的性质在很大程度上决定了哪种特定类型的相对优势对潜在采纳者来说是很重要的。[④]

兼容性是指对创新的政策与当前价值观念、过去的经验以及潜在采纳者的需求相一致。更具兼容性的政策创新被潜在的政策采纳者采纳的概率较大。创新可能会与社会文化价值观和信念相兼容或不兼容：①与社会文化价值观和信念相兼容；②与先前引入的思想相兼容；③与客户对创新的需求相兼容。[⑤] 这个内涵在整体上与公共政策适用性在多方面是相匹配的。满足现行政策需要，并与过去的价值观念和经验保持一致的创新有助于政策在整个扩散过程中更易被人们所接受。[⑥]

复杂性是指人们理解和使用创新的难度。任何新的想法都可以在"简单性-复杂性"连续性上进行分类。有些潜在采纳者对创新的理解很明确，而有些则不是[⑦]。我们认为理解上的困难与政策选择高度相关，而难以使用则是政策实施难易度。因此，我们就政策的理解难度提出了两个问题。第一个问题是："在考虑采纳政策的时候，大多数决策者有没有明确采纳政策的目标和可能的结果。"如果没有，政策可以被认为是相当复杂的。第二个问题是"政策理念是否容易被转换为政策立法"，这两个问题被汇总成一个复杂的指标。[⑧]还有人提出，复杂性可以在两个层面上体现出来：一是创新可能包含一个复杂的想法；二是创新的实施可能很复杂。[⑨]

可观察性是创新成果对他人可见的程度。某些创新的想法易于被观察并被传达给其他人，而某些创新则很难被描述给其他人。这意味着社会系统成员所感知的创新可观察性与其采用率呈正相关。从意识到创新的政策和从其他人的试验中学习，可观察性是非常重要的。因此，"是否产生了政策制定者在其他

① ROGERS E M. Diffusion of Innovations [M]. 5th ed. New York：Free Press，2004：210 - 240.

②③⑥⑧ MAKSE T，VOLDEN C. The Role of Policy Attributes in the Diffusion of Innovations [J]. Journal of Politics，2011，73 (1)：108 - 124.

④ ROGERS E M. Diffusion of Innovations [M]. 5th ed. New York：Free Press，2004：212 - 218.

⑤ ROGERS E M. Diffusion of Innovations [M]. 5th ed. New York：Free Press，2004：224.

⑦ ROGERS E M. Diffusion of Innovations [M]. 5th ed. New York：Free Press，2004：230 - 231.

⑨ PERRY J L，KRAEMER K L. Innovation attributes，Policy intervention，and the Diffusion of Computer Applications Among Local Governments [J]. Policy Sciences，1978，9 (2)：179 - 205.

地区可以轻易观察到的政策"是衡量可观察性重要指标。①

可试验性是指政策可以尝试创新程度。一般而言，可以分开尝试的新想法要比那些不可分割的创新更快地被采用，因为可试验的创新对于采纳者来说被采用的不确定性较小。一些创新比其他创新更难以划分，尽管缺乏有力的证据证明这一点，但我们还是建议将其泛化：人们所认为的创新的可试验性与采用率成正比。② 在公共政策制定过程中，人们可以用较低的成本和较低的政治代价来尝试一些政策进而放弃它们。我们对这一属性的评价是建立在两个问题上的：一个问题是"试验性地实施政策是否对决策者有用，而第二个问题试验者是否放弃了政策，如果发现放弃的话是无效的，因为没有进行试验。"③

政策属性不仅会影响政策采纳的速度，还会影响政策在一个地区和另一个地区之间的扩散。为此，我们需要研究上述五个政策属性在多大程度上促进或抑制了两个扩散机制：相邻地区之间的相互作用，以及通过政策学习过程引起的扩散。大多数政治学研究中，扩散可能通过传统的"邻近效应"而发生，也就是说，当一个或多个相邻地区已经采取了这项政策时，该地区更有可能采用某一政策。相邻地区政策扩散背后的机制往往是多方面的，包括经济竞争、民选官员之间的竞争、模仿感知、邻近区域的人之间的政策学习。总之，基于位置相邻的政策扩散会让我们更加了解政策属性是否影响整体扩散过程。④

政策五个属性中的相对优势、兼容性和可观察性与增进扩散相关联。⑤具有相对优势属性的政策会使采用新政策的地区与尚未采纳新政策的地区之间产生更大的差距。基于其他地方的早期试验，具有较强相对优势的政策将更容易被视为成功，从而强化地方政府政策学习的过程。因此，尚未采纳该政策的地方政府决策者将面临更大的行动压力，当相邻地区或全国许多地方采用该政策时，这些差距将被放大。

高水平的兼容性也将有助于政策通过相邻地区政策学习得以扩散。当政策与现有法律或实践高度兼容时，则大大减少学习政策创新有效性与将该政策理念纳入法律文件之中的时间。因此，无论是在模仿其相邻地区还是从以前的政策采纳中学习，兼容性都极大地推动政策扩散。

较强的可观察性也将因相邻和便于观察学习而得以快速扩散。在许多方面，可观察性是政策扩散的必要条件。当人们没有意识到其他人在做什么，并且不知道做的事情具有什么效果，甚至不可能参与模仿或学习，这都会制约外

①③④⑤ MAKSE T，VOLDEN C. The Role of Policy Attributes in the Diffusion of Innovations [J]. Journal of Politics，2011，73（1）：108－124.

② ROGERS E M. Diffusion of Innovations［M］. 5th ed. New York：Free Press，2004：230－231.

人了解该政策,从而削弱政策扩散。随着政策及其影响变得更加可观察,扩散过程得到增速。①

相比之下,剩下的两个属性:复杂性和可试验性,可能被视为是制约扩散的属性。政策复杂性对政策扩散的影响不那么明显。国家政策制定者甚至可能无法轻易理解其他人在复杂的政策领域所做的工作。而且,即使理解了,政策的复杂性也会降低政府制定和采用符合其先前预期政策的能力,并且影响政策制定者、实施者等对政策的理解。总之,复杂的政策会减缓或阻碍政策在相邻地区或早期采用者之间的扩散,以及影响从他们那里学习的人。②

可试验性在抑制扩散机制的影响方面也有明显的效果。政府可以在内部尝试一项政策而不会有太大的负面影响,在不太可能依赖其他地区的经验的情况下。政策制定者将对高度可试验性的政策作出独立的决定,而不用受到相邻地区的影响。有趣的是,这是采纳速度和政策扩散性质向相反方向发展的唯一属性。由于政策具有相对优势、兼容性和可观察性,其被采纳的速度得到了提高,政策扩散的可能性也得到了提高。对于复杂性,政策被采纳和扩散的可能性都是相反的。然而,对于可试验性而言,政策采纳更为可能发生,但代价是放弃外部学习和模仿,因为可试验性的政策属性不再需要外部学习和模仿。③

基于罗杰斯提出的五个创新的政策属性,我们认为政策扩散取决于两个方面。首先,必须确定创新是否容易被观察到。如果可观察性较高,那么不管我们是否考虑其他方面的影响,政策扩散都是可能发生的。但是,如果可观察性较低,则取决于其在政策领域是否具有竞争力。如果这是一个非竞争性的政策,由于政府之间能够交流知识,扩散也是可能的。如果政策制定者在竞争领域活动,那么扩散的可能性就小。因此,我们认为,如果政策领域受到严格审查,其政策措施的可观察性就较低,且与政治实体的竞争力高度相关,则政策扩散是困难的。④

地区政策的可观察性低,根据我们的理论模型,这是政策措施在政策领域可能不被扩散的首要原因。政策领域的竞争很激烈,这是政策措施在一个政策领域可能不会扩散的第二个原因。我们发现可观察性和竞争力是决定政策扩散可能性的中心因素。⑤我们认为,如果政策措施很容易被观察到,扩散是可能发生的。如果政策措施及其内容不明显,政策也不是政策主体之间竞争的一部分,那么扩散也是可能发生的。但是,如果政策措施不容易被观察到,而且所

---

①②③ MAKSE T,VOLDEN C. The Role of Policy Attributes in the Diffusion of Innovations [J]. Journal of Politics,2011,73 (1):108 – 124.

④⑤ HEIDEN N V D,STREBEL F. What about non – diffusion? the effect of competitiveness in policy – comparative diffusion research [J]. Policy Sciences,2012,45 (4):345 – 358.

涉及的问题具有竞争性，就像地区政策一样，由于政策主体阻碍扩散进程，扩散发生的可能性就不大。我们可以得出，竞争阻碍具体措施在政策领域的扩散。①

因为政策的复杂性和成本决定了政策扩散通过评估实施的可行性，政策行为者在评估创新时可能会优先考虑其他相关方面的政策。葛姆雷（Gormley）认为，围绕监管政策的决策过程，根据政策问题的显著性和技术复杂性而有所不同。② 根据葛姆雷的观点，人群中有相当大的一部分，特别是如果它涉及必要性物品如空气、水、能源，换句话说，一方面，一个非常突出的问题必然会以重要的方式影响大量的人，从而更容易扩散。另一方面则涉及一个技术复杂的问题，需要大量的专业知识来理解和解决，这则会制约政策的扩散，因此复杂性对理解政策主体的行为至关重要。

公共政策的显著性和复杂性为政策参与者参与决策过程提供了不同的激励措施。因为不同的政策属性会对参与政策过程产生不同的影响，为影响决策者采纳或实施中发挥重要作用提供一个独特的机会。当问题突出时，显著性就会很高，而复杂性比较低，问责的压力变得比较突出。当问题复杂度高，显著性低时，就会出现专业技术知识压力。当问题显著性低和复杂性低时，问责或专业技术知识面临的压力不大，当问题突出和复杂性高时，问责和专业知识同时存在压力。

因此，显著性和复杂性的不同组合产生四个显著性、复杂性组合的政策类型（表5-1）。③第一个类型即高度显著性的低复杂性政策，我们可将其定义为"听证会"政策。公众可能会关注这些议题，也能够理解这些议题。换句话说，公民有强烈的积极性参与这些政策。因此，所有的官员都被吸引到这些类型的政策中，并且为政策的采纳投入很多的资源。在"听证会"政治中，官僚和利益集团在这些政策制定过程中的话语权较小。第二类型是高显著性和高复杂性政策，即"手术室"政治，这些特质给政治领导带来了强烈的激励，因为这既需要问责也需要专业技术知识④。第三类型是政治显著性不高，但技术复杂性高的政策，即"董事会"政治，公众和媒体不太可能参与到这一政策领域的进程中，"权力精英"主宰了决策。只有少数专家，无论是商业团体、官僚机构还是国会议员都可能参与到这一政策中去。第四类型既不明显也不复杂，即

---

① HEIDEN N V D，STREBEL F. What about non‐diffusion? the effect of competitiveness in policy‐comparative diffusion research [J]. Policy Sciences，2012，45（4）：345‐358.

②③ GORMLEY W T. Regulatory Issue Networks in a Federal System [J]. Polity，1986，18（4）：595‐620.

④ ESHBAUGH‐SOHA M. The Conditioning Effects of Policy Salience and Complexity on American Political Institutions [J]. The Policy Studies Journal，2006，34（2）：223‐243.

"街头"政治。由于问题不是很复杂，因此不需要专业人员的干预。在大多数情况下，公民、新闻工作者和政治家对这些问题都不太关心。下级官僚机构的特别决策，推动了监管政策的实施。即使有政治领导机会，他们对这些政策的影响也几乎为零，主要通过由日常事务发展出的这些决定来引导这一领域的政策进程（表5-1）。

表5-1　政策显著性和复杂性组合

属性	政策复杂性（低）	政策复杂性（高）
政策显著性（高）	"听证会"政治	"手术室"政治
政策显著性（低）	"街头"政治	"董事会"政治

5.2　动机、资源、障碍与政策扩散问题

政策创新扩散一直是西方公共政策过程领域的重要研究议题。在美国，地方政策创新往往被视为"民主实验室"。在联邦制下，地方创新扩散多会被邻近州所学习和模仿，从而形成政策的水平扩散。在中国，也有许多类似的地方政策试验（或试点）[①]，被认为是促进体制创新的有力手段。通过分散实验与中央干预相结合，将地方经验选择性地纳入国家决策过程，这是了解中国特殊政策制定过程的关键，也是促成中国经济崛起的关键。[②] 在上级政策制定者支持下，由地方进行试点，当这一试点得到高层认可后，会进一步修改完善，再吸收到国家政策中，并加以推广。实践中，这些政策试点既可能表现为"地方政策创新—上级采纳—推广实行"自下而上的吸纳辐射扩散，也可能表现为中央指定"政策局部地区试点—全面推行"自上而下的公共政策扩散，[③] 还可能表现为请示后获得授权开展探索[④]，获得肯定后再扩散。无论是哪一种政策扩散路径，中央—地方互动都是政策扩散核心，尤其是中央对地方试点政策的认可与否更是政策是否可以扩散的关键。一旦"试点政策"被中央认可，则意味着该试点"成功"了，试点政策通过中央政府倡导甚至是行政命令在全国范围内扩散。我们想了解，是否一旦被中央认可的政策试点都成功地在全国扩散？

---

① 参见刘然．"政策试点""政策试验"与"政策实验"的概念辨析［J］．内蒙古社会科学，2019（6）：34-38．本文没有严格区分两个概念内涵，不同语境选择不同的概念。

② HEILMANN S. Policy Experimentation in China's Economic Rise［J］．Studies in Comparative International Development，March 2008，43（1）：1-26．

③ 王浦劬，赖先进．中国公共政策扩散的模式与机制分析［J］．北京大学学报，2013，（6）：14-23．

④ 郁建兴，黄飚．当代中国地方政府创新的新进展［J］．政治学研究，2017（5）：88-103．

如果未能扩散？其原因是什么。

5.2.1　政策成本和条条冲突：政策扩散分析框架

政策扩散最初被认为是邻近地区政府间相互影响而采纳的过程，但人们发现政策扩散除了邻近地区政府间横向扩散外，还有不同等级政府间纵向的扩散。从上下级政府关系来看，则表现为强制和引导等带来的政策在"联邦政府—州政府"上下级政府间扩散。虽然在联邦主义下，联邦政府不能通过行政命令来强制政策在全国范围内扩散，但由于联邦政府的特殊性，其对某些政策的讨论以及可能的方向、态度等高度可见，不仅政策相关信息被各州敏锐察觉，甚至有时联邦政府也会利用财政激励等推动政策扩散，带来政策从联邦向下扩散到州，并影响州的政策采纳。[①] 如上层政府提供的强制性要求，[②] 或激励措施可能会促使政府采取他们喜欢的政策，[③] 如行政指令、政治激励和经济激励带来扩散。[④] 中央政府除行政命令外，还会通过行政和财政激励，向各级地方政府推荐政策方案，从而带来政策扩散。[⑤]

与此同时，联邦主义信奉一个基本的公理就是地方可以充当政策试验室。[⑥] 在联邦主义下，联邦政府鼓励各州进行政策实验，联邦从州的政策经验中吸取经验教训，甚至为联邦政策和法律提供借鉴，由此形成"州—联邦"扩散。[⑦] 分散的联邦有助于公共政策创新和采用，分散的试验和公共政策的相互学习是联邦制度的重要优势，近年来得到长足的发展。[⑧]

虽然中国不是联邦主义国家，但也有重视地方试验的"传统"。尤其是近年来，中国地方政府创新、政策试验等引起了广泛关注，人们认为政策试验不

①　MCCANN P J C，SHIPAN C R，VOLDEN C. Top‑down Federalism：State Policy Responses to National Government Discussions［J］．The Journal of Federalism，2015，45（4）：495 - 525.

②　DALEY D M，GARAND J C. Horizontal Diffusion，Vertical Diffusion，and Internal Pressure in State Environmental Policymaking，1989—1998［J］．American Politics Research，2005，33（5）：615 - 644.

③　WELCH S，THOMPSON K. The Impact of Federal Incentives on State Policy Innovation［J］．American Journal of Political Science，1980，24（4）：715 - 729.

④　朱多刚，胡振吉．中央政府推进政策扩散的方式研究：以廉租房政策为例［J］．东北大学学报（社会科学版），2017，19（4）：378 - 384.

⑤　朱旭峰，赵慧．政府间关系视角下的社会政策扩散：以城市低保制度为例（1993—1999）［J］．中国社会科学，2016（8）：95 - 116，206.

⑥　KARCH A. Democratic Laboratories：Policy Diffusion among the American States. Ann Arbor［M］．University of Michigan Press，2007.

⑦　MOSSBERGER K. State‑Federal Diffusion and Policy Learning：From Enterprise Zones to Empowerment Zones［J］．Publius，1999，29（3）：31 - 50.

⑧　SAAM N J，KERBER W. Policy Innovation，Decentralised Experimentation，and Laboratory Federalism［J］．Social Science Electronic Publishing，2013，16（1）：7.

仅是中国经济发展奇迹的基石，同时也是中国特色政策过程的重要制度安排。

第一，政策试验是改革开放以来政策创新的重要方式。

政策试验一直是中国共产党进行改革创新的重要手段，革命时期已经被充分运用，改革开放也不例外。首先政策试验被认为是减少改革风险的重要手段。改革开放初期，为避免争议引发政治风险，许多的改革政策先在较小范围内进行试验，被证明可行和不会引起太大争议后，再由相关部门进行推广。其次是政策试验被认为是减少改革成本的重要手段。政策试验的灵活性使得改革可以在一个或几个地区进行，如果政策试验成功，则可以向其他地方扩散；如果失败了，只是个别地区受影响，它减少了改革创新的成本。最后，地方政府相对自主权使得地方政府成为政策试验的推动者。由于中国地方政府间是竞争性的，相对独立性使得地方政府成为区域内主要经济活动主体，为获得竞争优势，地方政府有动力去进行政策试验。同时，为了进行改革探索，地方政府被赋予了发起和协调区域改革试验的权力和资源。可以说，改革以来地方政策试验构成中国中央决策过程的重要组成部分。从 1978 年开始，几乎所有改革之路上的重大步骤都是在全国范围内首先由少数几个地区试行。正如中国改革著名的口号"摸着石头过河"，从某种意义上讲，"石头"是改革措施，通过区域政策试验来触动这些"石头"。① 总之，对中国的政策而言，政策试验成为促进体制创新的有力手段，它将自下而上的创新和地方经验注入国家政策过程，从而避免在黑暗中摸索，这是中国独具特色的制定政策过程。② 决策者鼓励或启动地方试验，试验累积后转化为政策变迁。

第二，"地方试验—中央认可"是中国政策创新扩散的重要路径。

公共政策文献长期以来一直在辩论政策变化是由有意识的政策设计引起的，还是由国家和非国家主体参与的政治过程决定的。作为最具中国特色的政策过程，"试点—推广"是我国最为典型和普遍的政策扩散形式。③ 无论是"政策局部试点—全面推行"中央主导下的寻优纠错模式，还是"地方政策创新—上级采纳—推广实行"地方实践注入中央政策的学习模式，地方政策试验都推动了政策变迁。与之相对的是，人们认为中央政府会有意识地设计政策来推动政策变迁，所谓的政策试验也是政策设计的一部分，这种试验是基于中央

---

① XU C G. The Fundamental Institutions of China's Reforms and Development [J]. Journal of Economic Literature，2011，49（4）：1076 - 1151.

② HEILMANN S. Policy Experimentation in China's Economic Rise [J]. Studies in Comparative International Development，March 2008，43（1）：1 - 26.

③ 冯锋，周霞. 政策试点与社会政策创新扩散机制：以留守儿童社会政策为例 [J]. 北京行政学院学报，2018（4）：77 - 83.

选择性控制的。^① 地方政策试验的作用被高估了，中央政府控制着地方政策试验变量，判断什么构成试验的成功，并选择在国家层面复制哪些试验。^② 可以说，政策扩散与否与"试验—认可"密切相关（图5-3、图5-4和图5-5），这种认可既有可能是中央或上级政府的表扬、领导批示，也有可能是政策创新被中央政策所吸收，甚至是中央政府直接通过行政命令方式在全国范围内推广。一方面，中央政府委托或通过"请示—授权"来进行政策试验，中央观察

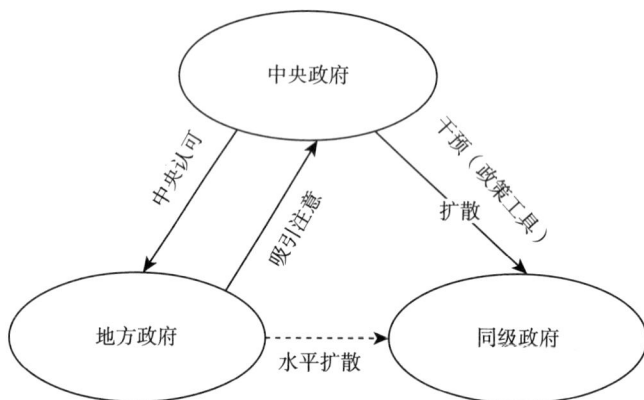

图5-3 "自发试验—认可"模式

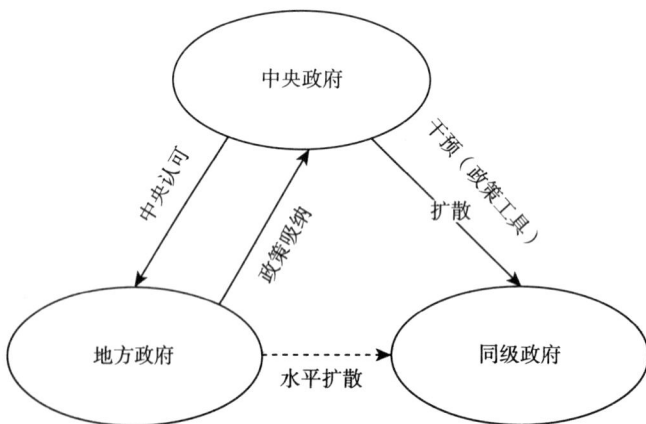

图5-4 "指定试验—认可"模式

① 刘培伟. 基于中央选择性控制的试验：中国改革"实践"机制的一种新解释［J］. 开放时代，2010（4）：59-81.

② MEI C Q，LIU Z L. Experiment - based policy making or conscious policy design? The case of urban housing reform in China ［J］. Policy Sciences，2014，47（3）：321-337.

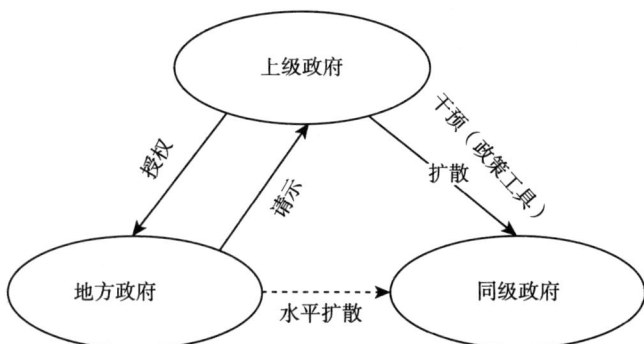

图 5-5　"请示—授权"模式

政策实际运行效果，如果符合预期则进行政策吸纳或认可其成效；另一方面，一些地方政府进行政策试点创新并引起中央政府的关注，之后中央政府认可了其创新，通过政策干预将这一形式扩散到其他地方。①

第三，政策成本与条条冲突：政策能否扩散的分析框架。

在中国这样一个单一制的国家，来自上层当局的激励效应可能会比美国和其他欧洲国家的联邦制更强烈。绩效考核和人事决策都是由上级机构本身控制的，当中央政府倾向于创新时，即使地方政府认为对当地发展没有必要或不必要，但也会尽快采用。② 实践中我们发现，许多的政策创新虽然得到中央的认可，但并没有扩散到全国其他地方，被其他地方所采用。学者认为，中央会因为该政策与中央关切的契合度以及政策试验绩效两个方面出现高低差异，而相应采取验收模式、忽略模式、淡化模式和吸纳模式来回应地方政策试验③。还有学者把中央政府和成果学习方加入"试点—推广"框架中来分析其发生机制：①强推动—强学习：辐射式全面推广；②强推动—弱学习：应付式局部推广；③弱推动—强学习：扩展式局部推广等④。还有学者认为，中央推动力强只是政策在全国推广的必要条件之一，还包括政策试点效果好、地方政府行政压力大

①　ZHU X F. Inter-regional diffusion of policy innovation in China：A comparative case study [J]. Asian Journal of Political Science，2017，25（1）：1-21.

②　LIANG M. The Diffusion of Government Microblogging [J]. Public Management Review，2013，15（2）：288-309.

③　石晋昕，杨宏山. 政策创新的"试验—认可"分析框架：基于央地关系视角的多案例研究 [J]. 中国行政管理，2019（5）：84-89.

④　周望. 如何"由点到面"?："试点—推广"的发生机制与过程模式 [J]. 中国行政管理，2016（10）：111-115.

和政策目标单一等条件。① 还有学者发现，中央推广的项目中要地方试点单位承担试点经费的不利于试点实施。② 总之，学术界对政策创新的中央认可及其扩散，尤其央地互动进行了分析，但学者们也认识到不少研究将"试点—推广"过程简约化，对试点内容在复杂性、创新性、敏感性等政策属性方面关注不够。③ 显然，中央对某些创新忽略、淡化，或者是弱推动甚至是不推动，原因何在？

我们认为，许多的研究对政策属性尤其是政策执行成本等影响试点政策扩散分析不足。罗杰斯认为相对优势、兼容性、复杂性、可观察性和可试验性是影响扩散速度和性质的五个属性。④ 在罗杰斯研究基础上，学者分析政策创新的成本、复杂性、显著性和脆弱性等属性如何影响创新扩散，具有高度显著性和有限复杂性的政策引起了大量民众对其采用的支持，引发其快速扩散；⑤ 相反，复杂而昂贵的创新增加政策成本，影响扩散速度。⑥ 也有学者认为相对优势性、兼容性这两种政策属性综合、动态地影响中国社会政策扩散速度和扩散范围。⑦ 这种相对优势性、兼容性主要从成本和体制机制障碍两个方面体现出来。成本高低或者说资源依赖性高低决定了地区的创新性，相对而言富有地区有更多的资金用于试验和做启动成本。体制机制障碍表现为是否与现有的政策法律、过去的经验做法等相兼容，如不能兼容，其带来的体制机制会对政策扩散形成阻碍。

同时，我们认为许多研究在分析央地关系时，容易将中央单一化，从而忽略了政府内部组织结构差异带来的条条块块对政策试验的不同态度。⑧ 对中国许多政策试验而言，它往往需要地方在政策工具、政策内容等方面进行探索，以突破或解决现行体制机制和政策法律方面的障碍。当一个条条内所谓的创新在条条内容易得到认可，也更有可能在条条内扩散。但当这一条条内政策试验向其他条条或块块扩散时，可能遭遇体制机制和政策法律障碍，从而抑制政策试验的扩散。

---

① 陈宇，闫倩倩."中国式"政策试点结果差异的影响因素研究：基于 30 个案例的多值定性比较分析 [J]. 北京社会科学，2019 (6)：42-52.

② 吴怡频，陆简. 政策试点的结果差异研究：基于 2000 年至 2012 年中央推动型试点的实证分析 [J]. 公共管理学报，2018，15 (1)：58-70.

③ 周望. 如何"由点到面"？："试点—推广"的发生机制与过程模式 [J]. 中国行政管理，2016 (10)：111-115.

④ TURNER R J, EVERETT M, ROGERS. Diffusion of Innovations [M]. 5th edition Free Press New York，2004：210-240.

⑤ NICHOLSON - CROTTY S. The Politics of Diffusion: Public Policy in the American States [J]. The Journal of Politics，2009，71 (1)：192-205.

⑥ BOUSHEY G T. Policy Diffusion Dynamics in America [M]. Cambridge University Press，2010：63-64.

⑦ 朱亚鹏，丁淑娟. 政策属性与中国社会政策创新的扩散研究 [J]. 社会学研究，2016 (5)：88-113.

⑧ 陈思丞. 政府条块差异与纵向创新扩散 [J]. 社会学研究，2020，35 (2)：146-169.

　　总之，我们认为地方试点的政策扩散中存在所谓"中央认可"的创新属性和利于政策扩散的创新属性存在偏差，从而影响了政策扩散。因为中央也存在各个不同部委这样的条条，中央的认可为政策创新扩散提供了支持信号或合法性支持，但由一部委推动的试点创新可能并不一定能得到另一部委认可，从而可能会影响该试点创新政策向其他条条或块块的扩散。此外，政策的成本属性不仅会影响政策采纳的速度，还会影响政策在地区之间扩散。政策创新扩散会因为一系列政策属性维度变化而变化，如目标、议题复杂性、项目成本、议题特点等因素。[①] 成本高低制约政策扩散的范围，而障碍则制约政策是否可以从试点走向扩散。当某一政策创新成本低、障碍小时，中央会推广该政策，使得该政策试点走向政策扩散；当某一政策创新所需要成本较多，或者说许多地区承受力不足时，中央会让这些创新扩散停留在小范围扩散；当条块等体制机制障碍相对突出时，试点政策则可能会让一些创新停留在试点和小范围试点阶段（图5-6）。

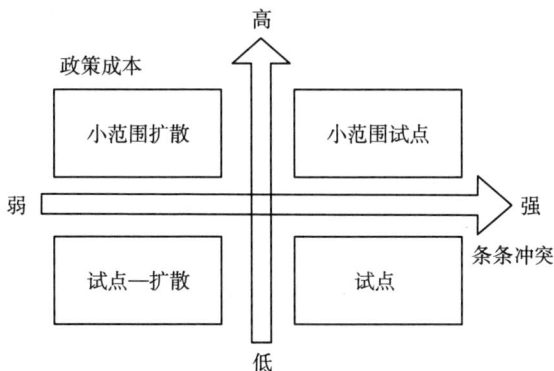

图5-6　政策成本与条条冲突影响政策扩散的分析框架

5.2.2　从地方政策试点到中央认可：清远村民自治单元改革案例

　　第一，案例选择。

　　当前，有关政策扩散的研究覆盖多地区、多领域的案例研究，如环境政策、棚户区改造政策、垃圾收费政策等。在相关的研究中，既有多案例的研究，也有单案例的研究。案例研究已经成为中国公共行政学实证研究的重要研究方法之一，但同时也引发了学者对多案例和单案例研究的争论。[②] 无论如

　　① BOUSHEY G T. Policy Diffusion Dynamics in America ［M］. Cambridge：Cambridge University Press，2010：63.
　　② 于文轩. 中国公共行政学案例研究：问题与挑战 ［J］. 中国行政管理，2020（4）：45-52.

何，单案例研究方法是公共行政学科非常重要的研究方法，无论是经典研究，还是当前国外研究，单案例研究也是主流。① 在村民自治单元改革试点中，改革是从清远开始的，也得到了中央的认可，但它并没向其他地区扩散，而且清远在经过一段时间改革后，又回到改革的原点，这一案例具有很强的代表性。为追踪该改革试点情况和扩散情形，笔者曾于 2014 年 6 月、2018 年 8 月以及 2019 年 10 月前往清远调研，了解村民自治单元改革试点等情况，同时，笔者还与广东民政部门以及国家民政部相关人士交流该试点，获得了该政策试点扩散相关的观察、访谈和文本材料。

第二，清远村民自治单元改革。

清远地处广东北部，辖 8 个县（市、区），总人口 432 万，其中农村人口 287 万，是广东陆地面积最大的地级市。由于面积大、人口多，出现基层党员人数不足、不能有效发挥作用的现象。行政村面积大，所辖村民小组较多，村干部忙于上级交办的事务，村民自治基础较为薄弱；行政村在自治权和资产处理等方面与村民小组脱节，村委会不能有效整合村民小组掌握的包括土地在内的农村资产，土地碎片化问题较为突出。

首先，清远市农村综合改革探索。面对农村治理一系列问题，清远开始了改革探索。2012 年清远市出台《关于完善村级基层组织建设推进农村综合改革的意见（试行）》，开启农村综合改革。综合改革主要是试点农村基层党组织建设、村民自治和农村公共服务"三个重心下移"。

一是党组织设置改革。推进基层党组织建设重心下移，把支部建在村民小组，形成"乡镇党委—党总支—党支部"党组织格局。村民小组有 3 名以上党员且在有合适人选担任支部书记的原则上单独设立党支部，如没有合适人选的，则多个村民小组联合起来设立党支部。到 2013 年底，清远 1 023 个行政村成立 1 013 个党总支，村民小组或自然村成立 9 239 个党支部。

二是村委会规模调整。清远将原来的"乡镇—村—村民小组"调整为"乡镇—片区—村（原村民小组或自然村）"。根据行政与自治分离、产权与治权合一原则，在尊重群众意愿基础上，在村民小组或自然村成立村民理事会。原村委会改为片区，在片区上设立党政公共服务站，作为镇派出机构，为群众提供民政、公安、卫生和社会保障等事务，同时还协助乡镇政府处理公共事务。

三是推进三个整合。清远为避免土地碎片化和涉农资金分散重复使用，开始土地资源、财政涉农资金、涉农服务平台整合。他们引导农民通过互换等方式将分散的、碎片的土地集中起来，并推动土地经营权有序流转。此外，还通

---

① 陈那波. 公共行政学研究方法应用前沿及其中国借鉴 [J]. 公共行政评论，2015，8（4）：69 - 77.

过预算将不同层级和不同类别涉农资金整合，提高资金利用效率。

其次，清远市村民自治单元范围改革试点。2014 年 4 月，中央农村工作领导小组下发将清远市确定为第二批农村改革试验联系点的批复。清远在重点推进"三个重心下移"和"三个整合"的同时，进一步探索村民自治单元试点改革。2013 年，英德市确定西牛镇、九陂镇和石角镇 3 镇为试点镇，开展村委会规模调整和以村民小组为基本单元的村民自治试点探索。3 个试点镇的村委会数量由原来的 42 个增加到 390 个。为避免原镇村之间行政权与自治权之间的矛盾，规范片区与自然村自治间关系，清远出台了《深化村建工作试点镇村级组织职责分工目录（试行）》等文件，进一步明晰了村级各组织的权责关系。此外，清远还出台各项规章制度来规范村民自治中组织和权责关系，包括《党支部工作职责》《村党支部书记工作职责》《村委会主任工作职责》《班子联席会议制度》《党群联席会议制度》和《议事协商制度》等规章制度。

清远农村综合改革得到中央认可，2016 年中共中央办公厅、国务院办公厅印发《关于以村民小组或自然村为基本单元的村民自治试点方案》的通知。2017 年，根据民政部等 6 部委通知精神，英德市西牛镇小湾村、花塘村，连州市九陂镇四联村、白石村，佛冈市石角镇冈田村、三八村等地被选为试点单位，开展以村民小组或自然村为基本单元的村民自治试点，进一步探索村民自治有效实现形式。三个试点镇 6 个行政村村委会下移到村民小组一级后，村委会变为 83 个，其中英德市西牛镇小湾片区改为 8 个，花塘片区改为 14 个，连州市九陂镇四联片区改为 18 个，白石片区改为 20 个，佛冈县石角镇冈田片区改为 17 个，三八片区改为 6 个。此外，还建立了村务监督委员会 83 个，村经济社 122 个，村民理事会 122 个，其他村社会组织 38 个。通过村民小组内村民理事会等组织的自治，实现了所谓行政事务与自治事务的完全分离。

最后，村民自治单元改革试点的中央认可。自 2012 年底以来，清远以"三个重心下移"为中心的农村综合改革得到社会各界广泛关注。许多媒体对清远经验进行细致介绍并给予高度赞誉，如南方日报在 2015 年 6 月 9 日至 12 日推出 4 篇《清远农综改经验启示录》系列报道，央视新闻和人民日报都大幅介绍清远农综改经验的报道，称"清远农村综合改革中'村民自治重心下移'经验也被吸收进了中共中央办公厅、国务院办公厅印发的《深化农村改革综合性实施方案》，清远经验进入中央决策之中"。原民政部官员曹国英指出，沿用行政村治理模式无法适应新需要，应该探索在自然村进行村民自治。中央财经领导小组办公室副主任韩俊明确指出，吸收了"村民自治重心下移"做法，"我们总结了清远的经验，把它变成了中央的一项政策"。① 一时间，有关"村

---

① 龙跃梅.《人民日报》头版刊发文章介绍清远农综改经验［N］. 南方日报，2015 - 12 - 10.

民自治重心下移"清远经验在全国风头无二，清远经验不仅出现在各大媒体中，还进入中央政策。《中共中央办公厅　国务院办公厅印发〈关于以村民小组或自然村为基本单元的村民自治试点方案〉的通知》认为，"清远的改革试点通过调整村委会自治规模，培育和发展村落理事会，创新了新形势下农村基层治理组织架构，探索了新形势下农村社会治理的可行路径"。《农业部关于党的十八大以来农村改革试验区改革试验成果转化情况的通报》（农政发〔2018〕1号）更是明确指出，清远试验成果包括："通过调整村民委员会自治规模，培育和发展自然村村民理事会，创新了基层协商机制"；"形成了支部建到村组、自治沉到村落、服务下到村里的乡村治理新格局"。不仅如此，清远试点还形成了政策转化，"清远探索以农村社区、村民小组为单元的村民自治"被写入2014年、2015年、2016年三年的中央1号文件，形成了相关政策转化，"以村民小组（自然村）为单位设立村民委员会，推动行政与自治分离，在熟人社区、相对较小范围内实行村民自治，实现产权和治权合一，重构乡村共同体"。

5.2.3　动机、资源、障碍：清远村民自治单元改革的扩散问题

虽然清远以村民小组为单元的村民自治改革探索受到广泛关注，相关成果也写进了中央文件，实现了政策扩散。但直到2018年中央1号文件仍是"继续开展以村民小组或自然村为基本单元的村民自治试点工作"。不仅2019、2020年中央1号文件没有提及该试点，而且民政部并没有扩大以村民小组为基本单元的村民自治试点范围。从清远开始的改革试点，在将来不会被全国其他同类地区广为效仿，现在已经没有必要也不应当继续在全国其他地方搞试点。[1] 实践中，全国12个省、市的24个试点村也是处于试点阶段，并没有在试点范围以外扩散，甚至包括清远本身基本放弃了试点。我们必须回答是什么影响着政策试点的扩散。

在组织创新动因上，莫尔认为动机、障碍和资源是影响创新政策变革的主要因素，创新是创新动机、阻碍创新的力量和克服这些障碍的资源可用性之间相互作用的函数。[2] 贝瑞夫妇使用四类变量扩展模型来分析内部和外部因素，内部因素是内生的，由动机、资源、障碍和其他经济社会的政策和制度组成，

---

① 唐鸣. 从试点看以村民小组或自然村为基本单元的村民自治：对国家层面24个试点单位调研的报告 [J]. 中国农村观察，2020（1）：2-16.

② MOHR L B. Determinants of Innovation in Organizations [J]. American Political Science Review，1969，63（1）：111-126.

动机往往包括但不限于舆论、公民意识形态和选举竞争等。外部因素主要是强制、学习、地区竞争、压力等，当某个地区的政策制定者审视邻近地区的政策制定者作出的政策决定时，会推动地区决策者采纳邻近地区的政策，上级政府的激励和行政压力同时也会推动和阻止某一政策的扩散。[1] 对中国地方政策试点而言，解决政策问题的欲望成为政策创新扩散的动机，问题越严重，创新扩散动机就越高。[2] 但与此同时，成本（资源依赖）、条条冲突带来的体制机制障碍等制约了政策扩散。

第一，解决问题的动机会推动政策创新扩散。

首先，问题严重性是政策扩散的重要动力。一般而言，政策创新扩散是问题导向的，即存在问题是触发政府创新动机的重要因素。政策创新可能由解决政策问题的欲望所驱动，问题越严重，创新动机就越高。政策创新动机旨在解决的问题。如果问题严重，可能会对此问题进行更改；不太严重或不存在的情况下，改变不太可能发生。如村委会是一个治理单位而非产权单位，农民集体所有的土地由村集体经济组织或者村民委员会经营、管理，实践中村民小组是主要产权单位，由此出现了产权与治权的非对称性问题。[3] 农村党组织建设薄弱、村级治理矛盾和问题以及产权治权不统一等问题，成为清远自治单元下移探索的动机。

其次，外部压力也可能成为政策创新扩散的动机。现代政府体系中，任何一个政府决策都会受到其他政府政策的影响。如果其他政府已经采取了这一政策，该政府则更有可能采取一项政策，进而带来政策扩散。在竞争情况下，一个辖区的政策选择创造了其他辖区在其决策时必须考虑的政策外部性。[4] 政府都会进行政策学习，如果存在积极的溢出效应，那么政府就更有可能采取他人的政策；反之，该政策是负面性的溢出效应，那么政策就不太可能被其他地区采用。当一个地区由于其他地区的政策而遭受负面外部效应时，它就有选择拒绝政策的动机，目的在于保护自己免受这些影响，从而阻止扩散。

第二，高成本（资源依赖）制约了村民小组下移改革试点的扩散。

莫尔认为，创新的可能性与资源的可获得性直接相关，因为大多数创新需

① ERRY F S, BERRY W D. Innovation and Diffusion Models in Policy Research [A]. In Theories of the Policy Process [C]. Edited by: Sabatier, Westview Press, 2014: 307-359.
② BACOT A H, DAWES R A. Responses to Federal Devolution: Measuring State Environmental Efforts [J]. State & Local Government Review, 1996, 28 (2): 124-135.
③ 邓大才. 产权单位与治理单位的关联性研究：基于中国农村治理的逻辑 [J]. 中国社会科学, 2015 (7): 43-64.
④ BRAUN D. Taking 'Galton's Problem' Seriously: Towards a Theory of Policy Diffusion [J]. Journal of Theoretical Politics, 2006, 18 (3): 298-322.

要采用和使用一些资源。资源对于廉价的创新来说它变得不重要，但对于那些需要大量投资和资源的创新来说才是重要的。① 自治单元下移的确解决了一些问题，以农业农村部为代表的政府部门强调这一改革得到了中央的认可，但自治单元下移带来的省、市财政负担，使得自治单元下移改革并没有因为中央认可而在全国范围内扩散，仍停留在试点阶段。

首先，成本（资源依赖）会制约试点地区政策创新扩散。在政策扩散影响因素中，经济因素是重要一环。沃克认为，经济发达地区比落后地区更容易创新，因为他们能够投入更多资源来开发新的项目，所以也更具有创新性。清远作为经济不发达地区，这一政策创新面临较大财政负担。因为自治单位下移到村民小组后，在村民小组单独或联合设立党支部 9 383 个，要投入活动经费和办公场所。"试点一年多来，市、县、镇三级财政共对试点投入 1 633.34 万元，这还只是试点中的一些费用。如果真的推行，估计财政很难承担。"② 总之，政策实施成本可能是公共部门创新过程中最重要的经济变量。

其次，成本（资源依赖）会降低周边地区甚至全国其他地区采纳该政策的意愿。任何一个决策者在决定采纳其他地区一项政策创新时，会事先确定该政策产生预期的收益。按照罗杰斯观点，相对优势程度通常以经济收益、地位给予或其他来表示，创新的性质在很大程度上决定了哪种特定类型的相对优势（例如经济、社会等）对采用者来说很重要，它是一个预期收益和收益成本的比率。③ 相对优势当然是一个与公共政策制定相关的概念，因为政策效益和成本的比较在决策过程中是司空见惯的。④ 不仅如此，政策制定者还会观察和学习该政策在该地区是如何执行的。在美国联邦体系中，除了少数几个持续创新的州外，大多数立法者都不愿冒风险，并且宁愿在冒险偏离现状之前收集有关政策潜在成本和收益的信息⑤。在我国，向其他地区进行政策学习时，同样也会考虑成本和收益。创新成本支配着政策的实施难易度，对政府而言，低成本政策实施比需要更多分配资源的政策要容易得多。⑥ 如许多地方村组法都规

---

① MOHR L B. Determinants of Innovation in Organizations [J]. American Political Science Review，1969，63（1）：111 - 26.

② 2019 年 10 月 22 日清远某部门工作人员访谈。

③ TURNER R J，EVERETT M，ROGERS. Diffusion of Innovations，5th edition [M]. Free Press New York，2004：213 - 218.

④ MAKSE T，VOLDEN C. The Role of Policy Attributes in the Diffusion of Innovations [J]. Journal of Politics，2011，73（1）：108 - 124.

⑤ NEWMARK A J. An Integrated Approach to Policy Transfer and Diffusion [J]. The Review of Policy Research，2002，19（1）：152 - 76.

⑥ BOUSHEY G T. Policy Diffusion Dynamics in America [M]. Cambridge：Cambridge University Press，2010：65 - 66.

定，省市要建立健全以省市补助、县级统筹、村集体收入自我保障为主的农村基层组织经费保障制度，各级人民政府应当将农村基层组织经费补助资金列入年度预算。广东采取了省、市、县三级 6：3：1 来保证村委会经费投入，每年给村委会运作经费约 10 万元，村委会成员补贴 2 700 元。比如清远市原来行政村约为 1 023 个，自治单元下移到村民小组后，村委会规模扩大到 14 678 个，村委会运作经费补贴的规模则要扩大十倍。实践中我们了解到，清远周边许多地市考虑到这一政策成本收益比较低，许多地市并没有采纳的意愿。

第三，政策试点中条条冲突带来的体制机制障碍等会产生政策高争议性，从而抑制村民自治单元改革试点的扩散。

虽然村民自治单元改革被视为创新，并被中央政策吸纳，实现了所谓的政策创新扩散。我们发现，这一改革是从农村综合改革开始启动的，推动这一试点政策进入中央政策的也主要是农业部门。当该政策经由中央认可向全国试点扩散时，遭遇包括组织部门、民政部门等条条冲突，从而产生法律、组织、体制、财政支持等一系列的障碍，这也是村民自治单元改革政策一直处于试点而无法向广东甚至是全国推广的重要原因（图 5-7）。

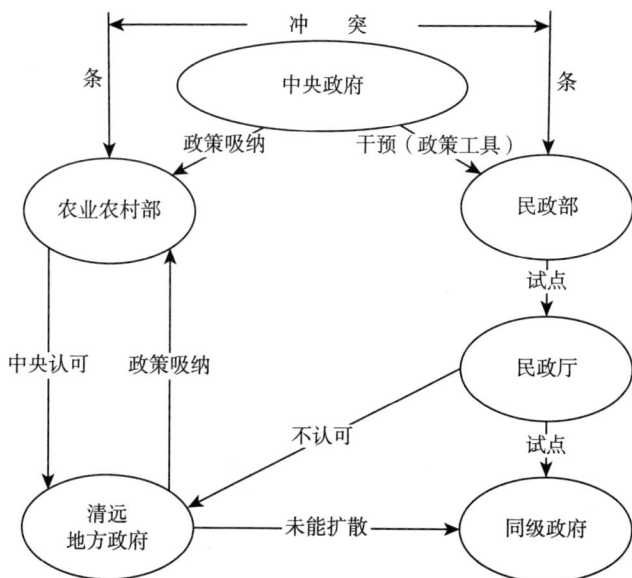

图 5-7 条条冲突与政策扩散

首先，政策采纳中条条块块冲突会带来的政治风险。任何政治体系的组成单位都承受着相当大的压力，政策创新既要遵守国家和地区标准或可接受的政策规范，也要解决面临的政治问题或一些体制机制障碍。毕竟采用新的政策需要冒一定的风险，开始只是一个或两个开拓性地区采用新政策，而其他地区则在对其作出判断之前等待。如果一旦政策利益变清晰，政策跟进者就会增加，这个政策将成为一个"热点问题"，甚至会产生政策爆发式扩散。这些体制机制障碍的复杂性增加了不确定性和学习政策的必要性，并且成为扩散政治中的一个重要因素。①

其次，政策采纳中条条块块冲突带来的高争议性影响上级政府推动该政策的扩散。一般而言，高争议性议题会刺激强烈的政策反应，出现反对的动员，这种反对会使政治系统产生冲突。扩散动态由政府优先和回应方式决定了基于创新属性的创新，决策者会优先考虑一些诱发紧迫感和提升公众政治注意力的议题。虽然清远农村综合改革带来农村适度经营等优势，带来农村产业的发展，但也带来其他部门管理事务如基层党组织和村民自治组织法律法规冲突等问题。这意味着由农业部门试点创新出来的政策与其他条条之间会产生冲突，我们在调研中发现其他部门并不赞成这一改革。"这个改革是明显违反组织法的，不仅需要占用大量的费用，还会带给基层组织许多的问题。我们是不赞成这一改革的。实践中，现在清远很多的村又回到 2012 年改革前的状态，终点又回到了起点。"②

最后，政策采纳中"条条"冲突带来的高争议性，使得其他"块块"在是否采纳该政策上很谨慎。在政治环境中，扩散意味着决策者在其决策时考虑其他地区的政策，他们利用他人的经验来评估政治形式或公共政策对其管辖范围的有效性和适当性。扩散不仅仅是政策或形式的使用或发生率的增加，而是动态决策过程的结果。③ 我国《宪法》和《村民委员会组织法》（以下简称《村组法》）等法律强调村委会是自治组织，但并没有规定自治是村民小组自治，村民自治包括自治单元等应该遵循《组织法》的规定。村民自治下移到村民小组不仅有悖《村组法》，同时也与现行体制不衔接。实践中连清远村自己也认识到，需要这些"村委会"办理的惠农政策补贴等工作除超出能力和承受范围外，几乎难以完成，无法与现行管理体制实现有效衔接和良性互动④。正因为此，许多地方政府对这一政策采取观望态度。"我们市也知道清远的三个重心下移，但是它面临体制上和法律上的问题，包括省里民政等部门并不赞成这种

---

① NICHOLSON - CROTTY S. The Politics of Diffusion: Public Policy in the American States [J]. The Journal of Politics, 2009, 71 (1): 14.

② 2019 年 10 月 22 日广东省委组织部工作人员访谈。

③ KARCH A. Emerging Issues and Future Directions in State Policy Diffusion Research [J]. State Politics & Policy Quarterly, 2007, 7 (1): 54 - 80.

④ 参见清远市委农办《规模调整后的村委会与现行管理体制如何有效衔接问题研究》报告，2015 年。

改革，所以我们市并没推行这一改革。"① 由此不难理解它为何没有在广东直至全国推广而形成扩散。

5.2.4 结论

总之，在政策试验中，中央—地方政策互动成为政策扩散核心机制。当"政策试点"被中央认可，则意味着该试点"成功"了，会被在全国范围内推广。我们发现，清远村民自治单元改革的政策试点虽然获得中央政府的认可，但实践中却并没有实现大规模的全国范围内扩散。这再次证明政策扩散需要很多条件，中央认可是必要条件而非充分条件。我们认为，除了中央认可，条条是否协调和政策成本是影响政策能否扩散的主要因素。

一般来说，一个地区某一问题越严重，地方政府推进创新或采纳一个创新政策的可能性也越大，但条条冲突和政策成本（资源依赖）成为政策是否能够扩散的制约因素。首先，成本（资源依赖）会制约试点地区政策创新扩散。所有政策在出台前都需要考虑其成本和收益，复杂而昂贵的创新需要专业评估分析，增加了决策成本和扩散速度。② 高成本会制约政策在本地区的施行。

其次，高成本（资源依赖）影响潜在采纳地区的预期。潜在采纳地区会评估该政策的预期收益。许多研究表明，富裕地区的创新速度更快，这通常是由于富裕地区拥有更多的备用资源，使政策试验更容易，失败的风险更小。③ 在中国，许多研究表明，在没有中央行政干预的情况下，财政依赖程度较高的地区会具有创新性，他们往往会采取新的政策。一旦中央认可后，他这种创新动机会发生反转。④ 村民小组单元试点改革政策成本收益比低直接影响周边地区采纳意愿。

最后，政策采纳中条条块块冲突带来的高争议性影响了村民自治单元改革试点政策的扩散。一是条条块块冲突带来的高争议性可能会引发政策采纳的政治风险。高争议性会带来政策采纳的政治风险，不仅影响上级政府推动该政策的扩散决心，而且其他地区在是否采纳该政策上也很谨慎，毕竟采纳新的政策需要冒一定的风险。二是政策采纳中条条块块冲突带来的高争议性，影响上级

① 2019年10月28日广东S市相关人员访谈。

② BOUSHEY G T. Policy Diffusion Dynamics in America [M]. Cambridge：Cambridge University Press，2010：65-66.

③ MITCHELL O. Mapping the Diffusion of Pensions Reforms [A]. In Robert Holzmann, Mitchell Orenstein, and Michal Rutkowski ed., Pension reform in Europe：Process and progress [C] Washington, DC：World Bank, 2003：171-92.

④ ZHU X F, ZHAO H. Recognition of Innovation and Diffusion of Welfare Policy：Alleviating Urban Poverty in Chinese Cities during Fiscal Recentralization [J]. Governance，2018 (31)：721-739.

政府推动该政策的扩散。比如清远自治单元改革首先是由农业部门启动的，它对基层组织管理的组织部和村民自治管理部门、民政部门带来较大的冲击，不仅包括体制机制，还包括经费支撑，所以省级组织部门、民政部门一直不支持该改革试点。三是政策采纳中条条块块冲突带来的高争议性，使得其他地区在是否采纳该政策上很谨慎。扩散意味着决策者利用他人的经验来评估政策对其管辖范围的有效性和适当性。村民自治下移到村民小组不仅有悖《村组法》，而且无法与现行管理体制实现有效衔接，使得其他地区始终观望而不采纳。虽然《农业部关于党的十八大以来农村改革试验区改革试验成果转化情况的通报》（农政发〔2018〕1号）赞誉"清远探索以农村社区、村民小组为单元的村民自治"形成了可复制可推广的经验，但由于其实施所需成本高，面临体制机制障碍较多，所以它仍处于地方试点状态，而没有大规模地在全国推广而形成扩散。

6 乡村治理政策创新扩散路径优化

6.1 政策创新扩散三个主要路径

对创新扩散解释主要有内部因素决定模型和外部压力模型等几种理论，"多数学者认为政策采纳很少能单纯被解释为内部决定因素（没有外部扩散的影响），或者只强调政策扩散因素（没有内部因素的影响）"①。内部因素可以说是政策创新最先出现的原因，当我们把扩散因素分析重点集中于外部模型，即一个地方的创新出现后，如何被其他地方学习、模仿而采纳，就会形成我们所说的政策扩散。

从横向扩散来看，如果政策在一个地方取得成功，更有可能被其他地方采纳。各个地方会通过竞争、学习和模仿等方式实现创新扩散，他们之间形成"领导者—地区领导者—追随者"树形模型；从纵向来看，自下而上创新扩散表现为：个别地方经验被上级政府甚至是中央政府吸纳，汇聚成中央政策组成部分；多点的地方创新形成地方政府创新群，逐步推动中央改变政策，形成"滚雪球效应"；个别地方通过政策创新解决当地问题，避免问题进一步上升到中央，形成"压力阀门效应"。自上而下创新扩散表现为中央可以通过政策试点、财政激励甚至是行政命令形式，推动政策创新扩散。由此，形成自上而下、自下而上和横向等多种样式的扩散路径。

6.1.1 自上而下政策扩散路径

传统的政策创新和区域间扩散理论通常考虑创新方面和学习方面之间的关系。在西方分散的联邦主义结构中，虽然扩散主要表现为横向政府间学习与竞争等带来的政策扩散，但自上而下政策扩散依然是政策扩散的重要形式。

中央政府官员可以使用各种工具来影响地方政府活动，他们可以提供财政激励措施，促使政策更广泛和更迅速地扩散，也可以向地方发送有关他们的偏好和未来行动的信号。他们还可以通过采用地方政府的计划来促进政策的扩

---

① ERRY F S, BERRY W D. Innovation and Diffusion Models in Policy Research [C]. In: P. Sabatier, ed. Theories of the policy process [A]. 3rd ed. Boulder, CO: Westview Press, 2014: 307 - 359.

散，通过清除阻碍创新的障碍或通过提供资源来帮助克服这些障碍。中央政府可以通过制定法律来影响地方层面的决策，这些法律专门指导各地方政府采取某些行动，或提供财政激励措施，同时，中央机构也可以通过引起关注或提供信息来影响地方政府政策的变化，即使这些活动没有产生新的地方法律。^① 当中央政府的干预同时影响多个地方政府的政策制定时，扩散就成了一个过程。^②

首先，中央财政的激励或约束会推动政策扩散。在自上而下政策扩散中，比如在美国，联邦政府不仅作为一个资助机构，而且作为国家内部和州之间共同政策活动的决定者和促进者，已经变得越来越重要。由于联邦配套资金的诱惑，各州经常参加计划。^③ 财政激励措施类似于对官僚机构的控制，是中央政府决策者在不强制执行任务的情况下影响地方政策制定的最简单、最直接的方式。财政激励措施通过补贴政策创新的成本来提供资源，克服创新障碍。他们不强制要求采用计划，但如果地方决策者选择不制定政策，他们就会失去联邦资金。财政激励措施的存在与更广泛、更迅速的各州创新政策扩散有关。因此，它们是中央政府影响地方政策制定的有效途径。

中央政府可以通过各种行动强迫或诱使地方政府来采纳政策，包括提供金钱奖励和制裁。财政制度可能是旨在影响政府政策制定的最直接和最明显的政府活动，包括了中央政府对地方政府的税收、支出和收入分享政策。中央财政资金可以通过补助金、分类补助金、整笔拨款和项目赠款的形式转移给地方政府。这些资金可以用于实施中央政府计划，也可以作为地方政府以其他方式行事的激励措施。^④ 中央政府的财政激励措施可以影响一些依赖政府间收入的地方政府制定政策，以保证计划或政策具有可负担性。如美国和跨国政策扩散研究都表明，强制措施可以促使地方决策者采纳创新政策，特别是当联邦机构利用财政资源进行政策复制时。美国许多州推进的项目表明，联邦财政资金政策可以刺激扩散效应。总之，在许多情况下，中央财政激励措施都有强大的政策扩散效应。要么中央政府给各地方政府实施或改善计划一定的资金支持，即"胡萝卜"，如果不满足某些要求，就有可能剥夺各地方政府的现有资金。当然，地方政府内部存在许多鼓励遵守中央政府要求和引入中央政府资助计划的

---

① MCCANN P J C，SHIPAN C R，VOLDEN C. Top - down Federalism：State Policy Responses to National Government Discussions [J]．The Journal of Federalism，2015，45（4）：495 - 525.

② KARCH A. Vertical Diffusion and the Policy - Making Process：The Politics of Embryonic Stem Cell Research [J]．Political Research Quarterly，2012，65（1）：48 - 61.

③ HOFFERBERT R I. The Study of Public Policy [M]．New York：Bobbs - Merrill，1974：22.

④ CHUBB J. The Political Economy of Federalism [J]．American Political Science Review，1985，79（4）：994 - 1015.

内部压力。①

其次，中央政府的政策信号等行为会影响政策自上而下扩散。许多研究发现，中央政府在发送有关其偏好的国家信号时可以影响地方政策制定，即使中央政府没有提供"直接的激励和惩罚"②，显而易见的，这证实了其他非直接激励政策有助于扩散的观点。自上而下的纵向政策扩散则源于较高的政府层面的行动影响较低政府层面，这种自上而下的影响包括了政府间赠款、授权、先发制人的立法以及政策的讨论。③ 在自上而下政策扩散中，政策讨论可以在特定条件下影响地方政府的政策制定，从而带来政策的纵向扩散。

纵向政策扩散可能采取自上而下的形式，如中央政策扩展到省级层面和地方县市。不仅仅是通过拨款和授权，政策讨论也可以推动政策自上而下扩散，因为中央政府的讨论可能会影响政策制定者对政策利益、问题重要性以及他们自己需要采取行动的认知，特别是中央政府可以通过参与各种类型的探索性活动来影响政策。由于中央政府的政策讨论具有高度可见性，各地方可以观察和学习这些活动。换句话说，中央政府的政策讨论可以向下扩散到地方，并影响地方的政策采纳。④

中央政府活动对地方政策采纳可能有两个方面的影响。首先，这样的活动增加了对某个问题的重视程度或显著性；其次，这项活动为政策制定者提供了关于政策问题的信息以及如何处理这些问题：关于问题具体性质的信息、潜在的政策解决方案，以及与这些解决方案相关的政治成本和收益。当中央政府重视某一政策问题，如辩论、寻找答案、考虑替代方案等，这些都是向省一级的政策制定者发出了这个问题突出的信号。通过提高注意力和提供信息这两种机制，中央政府政策活动可以增加政策采纳的可能性。⑤ 通过中央政府政策讨论等有关政策的信息，让其他的地方政府也参加进来，推动部分地方政府进行政策创新，并采纳政策，从而形成"渗透效应"。⑥

---

① WELCH S, THOMPSON K. The Impact of Federal Incentives on State Policy Innovation [J]. American Journal of Political Science, 1980, 24 (4): 715-729.

② ALLEN M D, PETTUS C, HAIDER-MARKEL D P. Making the National Local: Specifying the Conditions for National Government Influence on State Policymaking [J]. State Politics & Policy Quarterly, 2004, 4 (3): 318-344.

③④⑥ MCCANN P J C, SHIPAN C R, VOLDEN C. Top-down Federalism: State Policy Responses to National Government Discussions [J]. The Journal of Federalism, 2015, 45 (4): 495-525.

⑤ MCCANN P J C, SHIPAN C R, VOLDEN C. Intergovernmental Policy Diffusion: National Influence on State Policy Adoptions [A]. Paper prepared for the 2010 Midwest Political Science Association Meeting, 2010.

6.1.2 自下而上政策扩散路径

在联邦制下，关于政府分权的教科书式经典理论就认为它促进了政策创新扩散，正如布兰代斯（Brandeis）所表明的那样，地方政府（如州和县市）往往被认为是"民主的实验室"。[①] 联邦主义学者长期以来一直认为，联邦政府鼓励各州进行政策试验，并且要成为其他州和联邦政府的模仿的最佳对象。他们期望各州不仅要回应这些，而且也要为各州和联邦政府提供模型，联邦对各州政策经验的了解可以被描述为"州—联邦"扩散。[②] 联邦政府会独立地追求不同的政策试验，把政策选择分散到地方政府的优点是可以同时考虑几个不同的政策。地方分散化试验可以慢慢地发现政策分散选择的优越性，这个论点在美国下放权力的趋势中发挥了核心作用。相较之下，联邦政府一次只能出台一项政策。

首先，地方政府政策存在溢出效应。当某一特定政策的利益或成本超越了决策管辖区的范围时，选民想要超越溢出效应和不一致的法律时，它就需要上级政府实施该政策。中央政府政策采纳并不一定会发生，因为政策试验在实验室已被证明是成功的，换句话说，为了捕捉具有正外部性的政策的溢出效益或在负外部性的情况下分摊成本，各地方政府可能会寻求中央政府推广该倡议。[③] 地方的负外部性是指昂贵的社会项目需要高税收来支撑，从而对地方的"商业环境"产生不利影响，但为那些不那么慷慨的地方带来好处。因此，地方官员有政治激励，推动某些高期望值但昂贵的政策在全国实施。地方的参与意味着地方政策试验更有可能形成来自下方的政治压力，即地方政府会要求中央政府在全国实施某些政策，以应对政策外部性或溢出效应。因为部分政策如慷慨的社会福利支出带来的外部性问题，地方政府需要中央政府推动全国范围内实施再分配支出计划，避免各个地方政府要处理外部性问题而失去政策带来的好处，从而推动政策在全国的扩散。

其次，地方政策可观察性推动自下而上政策吸纳从而带来政策扩散。在联邦制下，各州都被视为"民主实验室"，各州可以制定小范围的政策，使得政策更适合当地的条件和需求。这个过程可能涉及政策试验，借鉴其他州的经验教训，或者最终可能确定政策"赢家"。一方面，地方政策试验的缺点包括重

① NICE D C. Federalism：The Politics of Intergovernmental Relations ［M］. New York：Saint Martin's Press，1987：14.

② MOSSBERGER K. State - Federal Diffusion and Policy Learning：From Enterprise Zones to Empowerment Zones ［J］. Publius，1999，29（3）：31 - 50.

③ BOECKELMAN K. The Influence of States on Federal Policy Adoptions ［J］. Policy Studies Journal，1992，20（3），365 - 75.

复工作的可能性，缺乏可能影响跨越省际的路线、预算限制、省际"打到底部"的竞争等。这些独立但相互联系的政府可以互相观察行动，有时候在一个地方遇到阻碍或不实际的政策在另一个地方可能会蓬勃发展。通常情况下，经过一段时间的地方试验后，中央政府可以制定一个政策议程，采用最好的政策实践并避免最坏的情况。实践中，一些下级政府如城市采用某一政策，影响到高一级的省级政府引入的可能性，如环境标准的扩散就是一个例子。最初加利福尼亚州首先引入了更为严格的环境规范政策，后来被联邦政府采纳而扩散到全国其他地方。[①] 专业决策机关能更好地从当地的政策试验中学习，而且强大的利益集团、社会组织可以利用当地的成功的例子来推动政策向其他地方扩散。如果存在这些因素，一个地方的政策创新更有可能像滚雪球一样，反复推动后，最后成为一个地方的法律，甚至成为中央法律和政策文件。因为省级立法机构更专业，因而当省级立法机构具有更高的应对当地政策溢出效应的能力时，可以从当地政策扩散行动中学习，并像滚雪球一样积极寻求推动政策向上的扩散，这种效应也更加突出。[②]

6.1.3 横向政策扩散路径

美国联邦制度下的政策自由裁量为各州相互间的政策学习提供了机会，一个州采取的政策往往对其他州产生影响，也会加剧各州之间的竞争。他们在决定采纳前都会观察其州的政策后果，即当一个州由于其他州的政策而遭受负面外部效应时，它就有选择政策的动机，目的在于保护自己免受这些政策的影响。虽然政策学习和经济竞争是根本不同的形式，但都导致了政策在各州的扩散，即一个州的政策选择受到他人选择的影响。[③] 外部性通过改变与追求特定政策的回报，对政策行为者施加适当性压力影响他们的利益和期望采取的政策，从而带来政府间政策的横向扩散。

虽然政策会从一个区域向另一个区域进行横向扩散，但人们还是会想知道，横向政策扩散路径是什么？几十年来，各个领域的学者们都在研究扩散的时空属性，它们都指向政策是怎样在地理区域间扩散的空间模型。[④] 从政策扩

---

① VOGEL D. Trading Up：Consumer and Environmental Regulation in a Global Economy ［M］. Cambridge：Harvard University Press，1995.

② SHIPAN C R，VOLDEN C. Bottom - Up Federalism：The Diffusion of Antismoking Policies from U. S. Cities to States ［J］. American Journal of Political Science，2006，50（4）：825 - 843.

③ BAYBECK B，BERRY W D，SIEGEL D A. A strategic theory of policy diffusion via intergovernmental competition ［J］. The Journal of Politics，2011，73（1）：232 - 247.

④ MITCHELL J L. Does Policy Diffusion Need Space？Spatializing the Dynamics of Policy Diffusion ［J］. The Policy Studies Journal，2017，46（3）：1 - 28.

散主体角色来看，在一个历时性的政策扩散中，会出现政策创新者、先行者和政策采纳落后者不同的角色。

一般来说，经济比较发达的地区都是政策创新者的温床。一个地方决策者相对的财富或"自由灵活"资源的可获得程度，是采取新技术或政策意愿的重要决定因素。[①] 如果有"灵活"资源可用，无论是以金钱的形式还是高技能、专业的员工，决策者都能负担得起试验的奢侈，更能承受失败的风险。很可能一些州的大都市中心是大部分社会创意资源集中的地方，是最适应这种政策变化，也是第一个采用新方案、采纳新政策的地方。许多的研究证据表明工业化地区、城市、大都会中心更容易接受变革和试验。[②] 这通常是由于富裕地区拥有更多的备用资源，使政策试验更容易，失败的风险更小，承担风险能力更强[③]。美国一些政策创新扩散历时性的研究表明，在一个政策扩散中，创新总是在某一个区域中扩散，像加利福尼亚州、密歇根州和纽约州这样的州会制定一些政策，这些政策总是被和它们共享边界的州所效仿。在这一过程中，就会出现政策创新扩散的"领导者—地区领导者—落后者"角色。[④] 也就是说，最初的创新采纳者的数量是有限的，只有一些先驱者确认并拥抱这个创新。随着时间的推移，社会系统中越来越多的个体会采纳创新政策，采纳者会加速增长。当这种加速到一个临界点，社会系统中有一半以上的主体采用了创新政策，采用曲线就会以非常低的速度增长，直到系统中越来越少的主体采用新政策，从而形成创新者、早期采纳者、早期大多数、后来大多数、落后者模式。如果用树形来表示地区的政策采纳，在树的顶端将会有少数的政策领导者，其余则是地区领导者、追随者和落后者等（图 6-1）。[⑤]

在政策扩散路径上，除了领导者、地区领导者和追随者模式外，扩散会通过政策传染方式向其他方向扩散。通过政策学习，政策扩散可能会表现出传染效应，因为一个地方倾向于向邻近地方寻求政策构想，一旦政策通过管辖区限制，另外一个地方的官员和社会公众就会接触到政策构想，从而带来政策扩散。研究表明，可以使用流行病学框架来测试导致各地区政策创新扩散的传染性变量。使用流行病学框架测试政策扩散可以更全面地检查动态变化，和某些地点

① ROGERS E M. Diffusion of Innovations [M]. New York，2003：40，285-29.

②⑤ WALKER J L. The Diffusion of Innovations among the American States [J]. The American Political Science Review，1969，63（3）：880-899.

③ MITCHELL O. Mapping the diffusion of pensions reforms. In Pension reform in Europe：Process and progress [M] Washington，DC：World Bank，2003：171-92.

④ ERRY F S，BERRY W D. Innovation and diffusion models in policy research [C]. In：P. Sabatier，ed. Theories of the policy process [A]. 3rd ed. Boulder，CO：Westview Press，2014：307-359.

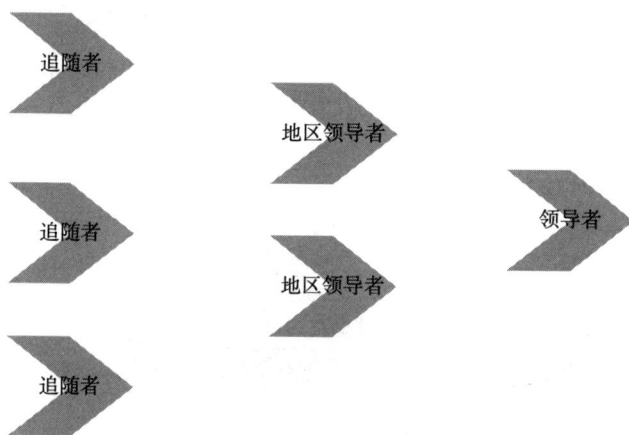

图 6-1 领导者、地区领导者和追随者模式

对政策扩散的敏感性。① 比如，如果 A 地采用政策，则 B 地（如果距离很近）将更有可能被传染。如果 B 地决定采用，则与 B 地相邻的所有区域被传染的可能性会增加，从而增加所有周边邻居采纳政策的可能性。② 此外，由于经济政策中经常出现经济溢出，地区间经济竞争也可能会产生传染效应（图 6-2）。③ 社会传染模式，侧重于公民层面看邻近地区的政策学习过程以及政府官员的政策反应（图 6-3），④ 当 A 地实施某一政策，这一政策被公众所熟知，公众则会通过制造社会舆论来影响当地官员，有时甚至是直接游说地方官员，推动 B 地采纳该政策，从而实现政策扩散。在横向扩散的路径上，与纵向层级政府间扩散明显不同，我们发现，传染病模式的扩散路径表现为从传染源开始，沿着传染链条向不同地方扩散。

6.2 新时代政策创新扩散路径展望

政策扩散受主体互动、政策属性等因素的影响，扩散路径也呈现出多样式。如有学者认为强权型扩散在时间分布上呈现较迅速地由点到面的扩散路

---

① BOUSHEY G T. Policy Diffusion Dynamics in America [M]. Cambridge University Press, 2010：14-20.

②③ MITCHELL J L. Does Policy Diffusion Need Space? Spatializing the Dynamics of Policy Diffusion [J]. The Policy Studies Journal, 2017, 46（3）：1-28.

④ PACHECO J. The Social Contagion Model：Exploring the Role of Public Opinion on the Diffusion of Antismoking Legislation across the American States [J]. The Journal of Politics, 2012, 74（1）：187-202.

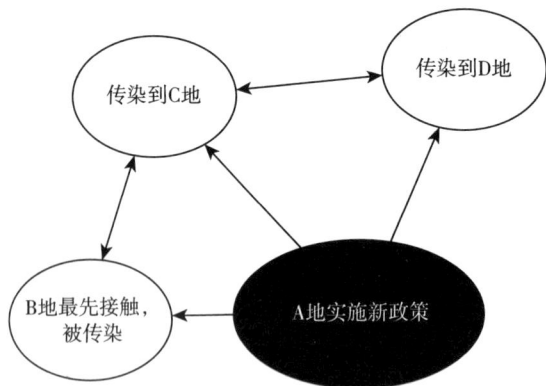

图 6-2　传染病模式

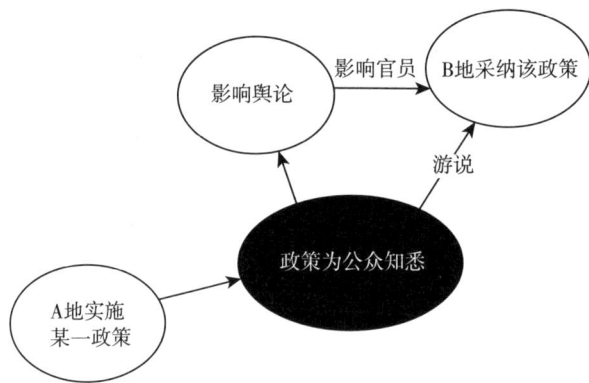

图 6-3　社会传染模式

径，学习型扩散时间分布上呈 S 形，道义型扩散空间分布呈无序状态。① 还有学者总结美国政策扩散包括政府间的水平扩散、自下而上的垂直扩散、自上而下的垂直扩散和选举周期的扩散效应四种路径。② 在中国，政策扩散也大体存在比较相似的路径，表现为纵向间的吸纳辐射和横向间的学习竞争，其中纵向垂直扩散路径影响较大，包括政府层级间自下而上的政策吸纳与行政指令自上而下的高位推动，③ 构成我国政策扩散路径的主要样态。

与美国等联邦制国家一样，我国也有鼓励地方试验的传统。无论在革命年

① 刘伟. 国际公共政策的扩散机制与路径研究 [J]. 世界经济与政治，2012 (4)：40-58，156-157.

② 杨宏山，李娉. 中美公共政策扩散路径的比较分析 [J]. 学海，2018 (5)：82-88.

③ 王洛忠，庞锐. 中国公共政策时空演进机理及扩散路径：以河长制的落地与变迁为例 [J]. 中国行政管理，2018 (5)：63-69.

代还是在建设时期，通过地方试验实现政策创新扩散一直是国家公共政策制定的重要过程，特别是纵向间的吸纳辐射成为解决我国政策问题的重要过程，它表现为地方自主试验、上级政府有意识政策试验，以及上下结合，这种路径成为中国政策扩散最优路径。

第一，地方自主政策试验是推动乡村治理政策扩散的重要路径。

普遍的观点认为联邦制国家的分权制衡有利于加强竞争、试验以及创新，及时对公民偏好作出反应。在单一制下，地方政府在政策扩散过程中并非一直处于执行行政指令和试点政策的被动地位，也同样还能依据实际情况自主创新政策活动。下级政府进行的政策创新所产生的积极效果，将诱致上级政府或中央政府对其采纳，实现政策自下而上的扩散。

在中国，一方面，由于缺乏分权以及相关制度转型来聚合非利益相关者的不同利益，国家政策变迁倾向于被认为是有意识的政策设计的结果。[1] 另一方面，关于中国试验性政策制定的说法为渐进的政策变化提供了不同的解释，人们认为政策变化更多是来源中国试验性政策制定。在没有整体制度转型情况下，地方政策试验在"走私式"渐进政策变化中起到了举足轻重的作用。中国改革时期发生的部分分权制导致了许多小规模的地方试验，这是由地方政府的纯粹自发性或中央一些领导人的倡议所造成的。[2] 具体而言，政策试验不仅可以改变经济和行政行为，还可以改变制度。试验起着"吸取教训"的作用，因为不同地区的多重政策试验正在进行事实上的竞争，新的解决方案可以自动出现，并且可以通过试验和试错来推动政策行为者学习和采用。[3] 在没有改革先例和政策共识的情况下，改革既不需要进行大刀阔斧的制度变革，也不需要冒险进行全面的改革，改革可从地方小规模试验的成功中获得额外政策变迁的动力。当然，对地方小规模试验，中央政府掌握最终决策权，并将成功的试验作为全国性政策，从而推动政策创新在全国的扩散（图6-4）。政策的试验不仅会推动政策扩散，还会因为政策扩散带来制度变迁。地方政府在改革过程中面临新的挑战出现，需要对新问题试验新的解决方案，这种连续的政策试验和再生产会累积到制度变迁。[4] 总之，中国地方政府在政策活动中同样具有积极

① HOWLETT M. Designing public policies: Principles and instruments [M]. London, New York: Routledge, 2011: 12-16.

② HEILMANN S. Policy experimentation in China's economic rise [J]. Studies in Comparative International Development, 2008, 43 (1): 1-26.

③ XU C G. The fundamental institutions of China's reforms and development [J]. Journal of Economic Literature, 2011, 49 (4): 1076-1151.

④ MEI C Q, LIU Z L. Experiment-based policy making or conscious policy design? The case of urban housing reform in China [J]. Policy Sciences, 2014, 47 (3): 321-337.

性、创新性和主动性，他们会利用各种政策试验，来影响上级政府对政策的吸纳，自下而上地向中央输入政策，推动政策在全国扩散。

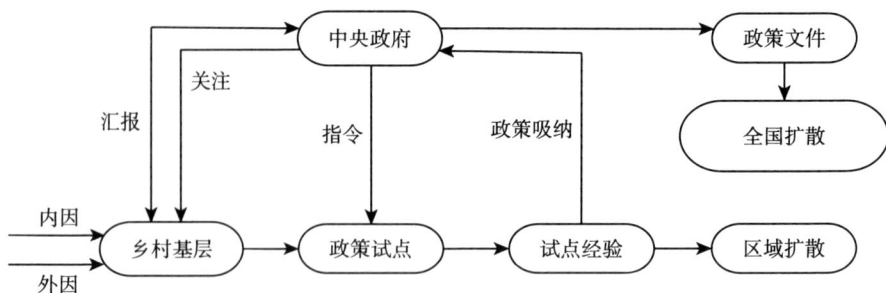

图 6-4 中国乡村治理政策试点

总之，地方层面的政策试验被认为是自 20 世纪 80 年代以来中国惊人政策变化的最重要的解释性因素，与有意识的政策设计恰好相反。[①] 对中国农村改革而言，以安徽小岗村为代表的家庭联产承包责任制和以广西宜州合寨村为代表的村民自治被誉为中国农民的重要创新，地方的创新通过滚雪球方式，被其他地方所采用，最后得到中央政府的认可，通过中央政府的政策文件得以在全国推广扩散，从而形成乡村治理制度渐近性变迁。

第二，中央也会通过政策试验区来进行政策探索和政策测试，推动政策在全国的扩散。

为推动中国农村改革和乡村治理效能，从 20 世纪 80 年代开始，中央设立专门的中国农村改革试验区来进行政策试验和政策探索，由此成为具有中国特色的政策过程。在改革开放初期，农村改革千头万绪，改革就是要走前人没走过的路，农村改革如何走，国家缺少现成的经验可供借鉴。在这种背景下，中央需要地方进行专门的农村改革试验，由此，农村改革试验区应运而生。从改革目标来看，农村改革试验区是希望能实现"近期做示范，长远探路子"目标，即利用多个点的政策试验成果，为中央决策提供参考；从改革内容来看，试验区政策试验涵盖农村改革方方面面，如粮食购销体制、土地制度、基层合作经济组织、乡镇企业制度建设、农村金融制度改革等方面，涉及 16 个省（自治区、直辖市）21 个试验区；从运作方式来看，试验区严格遵守国家政策法律，在一定范围内试验运行。如当时试验区规定，"试验区应允许突破某些现行政策和体制，以利于试验。试验区在突破政策时，要严格控制范围，要按

---

① MEI C Q，LIU Z L. Experiment - based policy making or conscious policy design? The case of urban housing reform in China [J]. Policy Sciences，2014，47（3）：321 - 337.

国家有关规定报批，经批准后，再进行试验"①。在中央的直接领导下，各试验区的土地制度建设、农地经营制度建设、乡镇企业制度建设等取得不少经验，政策试验获得显著成效，如土地制度改革中的土地流转的南海经验、贵州湄潭经验，如湄潭创造性的"增人不增地、减人不减地"政策已被正式写进中央文件而予以提倡。② 2011 年农业部在中央农村工作领导小组批准的情况下，会同中央相关部门，围绕农村产权制度、稳定和完善农村基本经营制度等进行改革试点。2014 年由农业部牵头批准 34 个县市作为第二批农村改革试验区，并安排 5 个方面共 19 项试验任务，加上上一次批准农村改革试验区，数量达到 58 个，覆盖全国 28 个省（区、市）。经过几年的试验探索，最终形成包括"政经分离""自治单元下沉到自然村""土地承包三权分置"等一系列政策经验，并由中央以政策文件方式扩散到全国。2019 年，中央农办、农业农村部会同中央组织部、中央宣传部、民政部、司法部，在全国 115 个县（市、区）开展乡村治理体系建设试点示范。如北京平谷探索的党建引领"街镇吹哨、部门报到"改革以及灵丘县、宿迁市宿豫区、三门县等地推进的积分制改革创新等。

总之，由于我国农村人口众多、幅员广阔、发展水平及资源禀赋差异大，乡村治理问题复杂。新时代，一些地方探索如监委会、理事会、议事会治理体制，新乡贤、大学生村官等多元化主体参与治理，治理形式如协商治理、积分制、清单制等都取得了较好治理效果。正是地方有益的探索推动中央的政策吸纳，如《中央农村工作领导小组办公室　农业农村部关于在乡村治理中推广运用积分制有关工作的通知》（中农发〔2020〕11 号）中明确提出，"因地制宜在乡村治理工作中推广运用积分制"。在中央号召下，积分制治理得到进一步的推广。

第三，央地结合成为乡村治理政策扩散主要路径。

在我国，由于存在着不同于西方政治体制，横向、纵向主体互动更为复杂，政策扩散有着更复杂的机理和路径。同级政府主体间竞争、学习、模仿以及上下行政指令等相互交织，从而使得乡村治理政策创新扩散路径呈现出纵横交错的局面（图 6 - 5）。

首先，地方政策创新在横向竞争、学习中扩散。虽然影响可以是自上而下的，但一个地方决策者通常愿意从其他地方的经验中学习，来借鉴他们成功的经验。外部影响是通过其他政府和政策网络传播的社会学习感受到的，一个地区实施某一政策，该政策施行效果等信息很容易被其他地区的政策学习主体所

---

① 陈俊生. 办好农村改革试验区 [J]. 社科信息文荟，1994（10）：17.
② 廖洪乐. 农村改革试验区的土地制度建设试验 [J]. 管理世界，1998（2）：154 - 163.

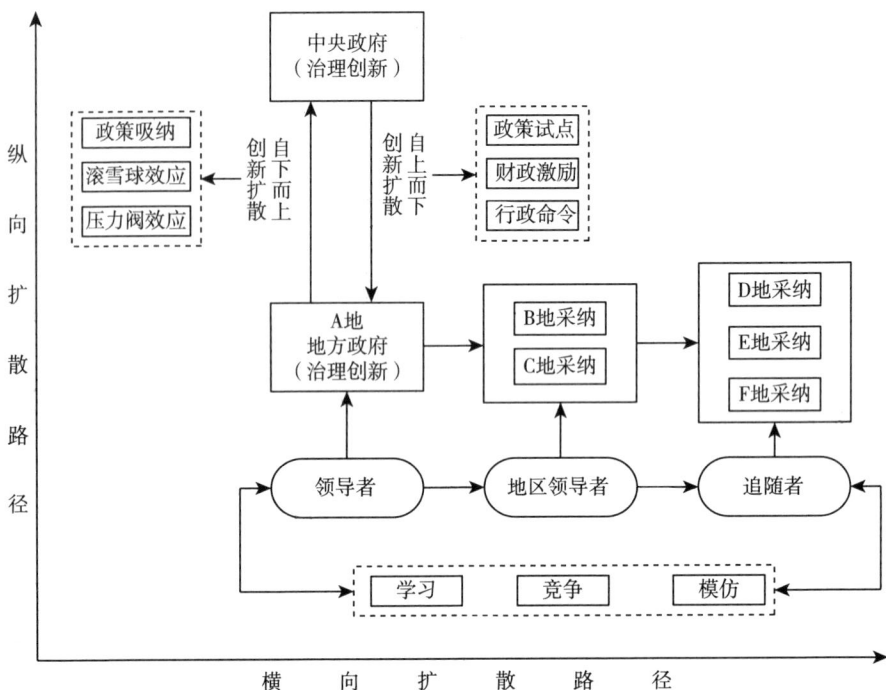

图 6-5　中国乡村治理纵横扩散路径

察觉，从而带来大量的"跟风模仿"与"学习借鉴"。① 研究表明，学习机制在政策扩散中扮演重要角色，如政务中心的政策扩散。② 围绕一个特定政策区域组织起来的知识共享体系，在某种程度上是为了促进学习，他们分享有原则性和因果性的信念，可以深刻地影响政策的扩散，从而促进政策学习，包括政策企业家、智库、社会组织等，在政府政策的扩散中起着重要的作用。③ "横向府际考察学习影响政策认知过程，也会影响政策执行过程。考察学习活动通过知识转化机制和距离调节机制加速政策扩散过程"。④ 尤其是中国政府间比较喜欢参观学习一些成功的地方，这些潜在的政策制定者参观学习创新型地区，可以改变对政策的态度，并提高学习作为扩散机制的可能性。在政策学习

①　刘伟. 学习借鉴与跟风模仿：基于政策扩散理论的地方政府行为辨析 [J]. 国家行政学院学报，2014（1）：34-38.

②　杨静文. 我国政务中心制度创新扩散实证分析 [J]. 中国行政管理，2006，（6）：41-44.

③　BROOKS S M. Interdependent and Domestic Foundations of Policy Change：The Diffusion of Pension Privatization Around the World [J]. International Studies Quarterly，2010，49（2）：273-294.

④　杨志，魏姝. 政府考察学习如何影响政策扩散?：以县级融媒体中心政策为例 [J]. 公共行政评论，2020，13（5）：160-180，209-210.

借鉴和模仿中，由于内外多种因素影响，从而使得地区政策创新和政策跟进呈现领导者—地区领导者—跟随者模式。

其次，地方政策创新通过自上而下或自下而上进行垂直扩散。与美国联邦制下各州充当"民主试验室"一样，"政策试点"是我国政策过程中一个较为普遍的现象。政策试点可以理解为一定时期内，中央政府有目的地在一定的范围内进行的具有探索与试验性质的改革，即"分级制下的试验"。它是中国一个独特的政策循环过程，即分级试验是理解非预期的适应性国家权威的关键，中国政策议程中从来不缺宏大、雄心勃勃的国家计划，但在许多国家政策实施前，分级试验过程扮演了强有力的纠错机制。中国的政策试点是一个有目的、协调一致的行动，来配合产生更多政策选项注入官方决策中，并大规模推广或是最终写入国家法律。[①] 它既可能是"地方试点—政策吸纳—全面推广"扩散路径，也可能是"局部试点—取得经验—全面推广"路径，还有可能是上下级政府间"请示—授权"扩散路径。

最后，央地良性互动和政策吸纳成为推动乡村治理政策扩散最重要途径。无疑，在中国财政分权体制下，每个地区在一定意义上都是独立的，地区官员被赋予了协调的权利，改革试验可以在当地进行协调，地方协调不会受到政治干预和技术噪声的影响，并且更容易适应。最重要的是，改革试验的灵活性使得改革有可能尝试在一个地区或几个地区进行。如果第一个试验取得了成功，可以将试验扩散到其他地区。在失败的情况下，虽然试验区的收益会受到影响，但由于试验区局限在一定范围内，非试验区不会承担失利的风险。正因为此，从 1978 年开始，几乎所有改革之路上的重大步骤都是在全国范围内首先由少数几个地区试行。[②] 但无论何种扩散路径，最关键的是政策试点要为中央政府所认可，或者说一旦中央政府选择并认可了地方试点创新的成果，一般会通过政策倡议甚至是行政命令来将其扩大到其他地方，从而形成政策扩散。

虽然区域试验是中国中央决策过程的重要组成部分，但习近平总书记一直强调改革必须坚持正确的方法论，要把"摸着石头过河"与"加强顶层设计"结合起来。将基层的建议和地方积累的经验注入国家政策中，既是政策过程中国经验，也是提升国家治理体系和治理能力现代化重要途径，还是乡村治理创新扩散优化路径。

---

① HEILMANN S. Policy Experimentation in China's Economic Rise [J]. Studies in Comparative International Development，2008，43（1）：1-26.

② XU C G. The Fundamental Institutions of China's Reforms and Development [J]. Journal of Economic Literature，2011，49（4）：1076-1151.

参 考 文 献

包海芹，陈学飞，2011. 国家学科基地政策扩散研究 [J]. 高等教育研究，32 (9)：105.

曹龙虎，段然，2017. 地方政府创新扩散过程中的利益契合度问题：基于 H 省 X 市 2 个综合行政执法改革案例的比较分析 [J]. 江苏社会科学 (5)：104 - 115.

陈家喜，汪永成，2013. 政绩驱动：地方政府创新的动力分析 [J]. 政治学研究 (4)：50 - 56.

陈俊生，1994. 办好农村改革试验区 [J]. 社科信息文荟 (10)：17.

陈那波，2015. 公共行政学研究方法应用前沿及其中国借鉴 [J]. 公共行政评论，8 (4)：69 - 77.

陈思丞，2020. 政府条块差异与纵向创新扩散 [J]. 社会学研究，35 (2)：146 - 169，244 - 245.

陈天祥，李仁杰，王国颖，2018. 政策企业家如何影响政策创新：政策过程的视角 [J]. 江苏行政学院学报 (4)：111 - 119.

陈新明，萧鸣政，史洪阳，2020. 地方人才政策创新扩散的动因分析：基于中国城市"人才新政"的实证研究 [J]. 企业经济，39 (6)：128 - 134.

陈宇，闫倩倩，"中国式"政策试点结果差异的影响因素研究：基于 30 个案例的多值定性比较分析 [J]. 北京社会科学，2019 (6)：42 - 52.

陈宇，孙枭坤，2020. 政策模糊视阈下试点政策执行机制研究：基于低碳城市试点政策的案例分析 [J]. 求实 (2)：46 - 64，110 - 111.

邓大才，2015. 产权单位与治理单位的关联性研究：基于中国农村治理的逻辑 [J]. 中国社会科学 (7)：43 - 64.

邓小平，1994. 邓小平文选：第二卷 [M]. 北京：人民出版社：372.

定明捷，张梁，2014. 地方政府政策创新扩散生成机理的逻辑分析 [J]. 社会主义研究，(3)：75 - 82.

杜鹏，2019. 论乡村治理的村庄政治基础 [J]. 南京农业大学学报 (4)：58 - 68.

杜倩，仇雨临，2020. 基层政府创新及扩散研究：以整合城乡居民基本医疗保险为例 [J]. 中国卫生政策研究，13 (12)：1 - 7.

冯锋，周霞，2018. 政策试点与社会政策创新扩散机制：以留守儿童社会政策为例 [J]. 北京行政学院学报 (4)：77 - 83.

郭磊，秦西，2017. 省级政府社会政策创新扩散研究：以企业年金税收优惠政策为例 [J]. 甘肃行政学院学报 (1)：67 - 77.

韩博天，2010. 通过试验制定政策：中国独具特色的经验 [J]. 当代中国史研究，17 (3)：

103 - 112，128.

韩博天，石磊，2008. 中国经济腾飞中的分级制政策试验 [J]. 开放时代 (5)：31 - 51.

韩福国，2020. 从单点式、区域化到整体性的政府创新何以可能？：基于整体性扩散结构的
分析 [J]. 探索 (1)：66 - 79.

韩万渠，2019. 决策咨询制度扩散机制及其区域差异：基于中国城市政府的实证 (1983—
2016) [J]. 公共管理与政策评论，8 (4)：3 - 17.

黄文浩，2018. 地方政府政策创新的实现方式与能力建设 [J]. 行政管理改革 (9)：58 -
62.

黄燕芬，张超，2020. 国家治理视角下的政策扩散研究：基于期望效用模型的分析框架
[J]. 教学与研究 (3)：13 - 25.

姜影，王茜，2020. 政策扩散视角下我国 PPPs 政策创新的扩散 [J]. 科技管理研究，40
(1)：13 - 19.

景跃进，2018. 中国农村基层治理的逻辑转换：国家与乡村社会关系的再思考 [J]. 治理
研究 (1)：48 - 57.

寇晓东，汪红，2020. 政策扩散视角下西北地区河长制的创新影响因素研究 [J]. 中国水
利 (10)：16 - 18.

雷叙川，王娜，2019. 地方政府间的政策创新扩散：以城市生活垃圾分类制度为例 [J].
地方治理研究 (4)：2 - 19，77.

李欢欢，顾丽梅，2020. 垃圾分类政策试点扩散的逻辑分析：基于中国 235 个城市的实证
研究 [J]. 中国行政管理 (8)：81 - 87.

李健，2017. 公益创投政策扩散的制度逻辑与行动策略：基于我国地方政府政策文本的分
析 [J]. 南京社会科学 (2)：91 - 97.

李健，张文婷，2019. 政府购买服务政策扩散研究：基于全国 31 省数据的事件史分析
[J]. 中国软科学 (5)：60 - 67.

李梦瑶，李永军，2019. 棚户区改造政策的创新与扩散：一项中国省级地方政府的事件史
研究 [J]. 兰州学刊 (9)：164 - 176.

李文钊，2017. 政策过程的决策途径：理论基础、演进过程与未来展望 [J]. 甘肃行政学
院学报 (6)：46 - 67，126 - 127.

李晓月，2018. 我国地方政府政策扩散的逻辑：以"大气十条"为例 [J]. 安徽行政学院
学报 (3)：23 - 30.

李祖佩，2016. "新代理人"：项目进村中的村治主体研究 [J]. 社会，36 (3)：167 - 191.

梁海伦，陶磊，2021. 地方政府分级诊疗政策创新扩散研究：基于全国地级市数据的事件
史分析 [J]. 中国卫生政策研究，14 (3)：7 - 12.

廖洪乐，1998. 农村改革试验区的土地制度建设试验 [J]. 管理世界 (2)：154 - 163.

林雪霏，2015. 政府间组织学习与政策再生产：政策扩散的微观机制：以"城市网格化管
理"政策为例 [J]. 公共管理学报，(1)：11 - 23.

刘春华，2019. 我国地方政府购买公共体育服务政策扩散路径与行动策略 [J]. 沈阳体育
学院学报，38 (3)：63 - 68，93.

刘河庆，2020. 文件治理中的政策采纳及其影响因素研究：基于国家和省级政府政策文本（2008—2018）数据 [J]. 社会，40 (4)：217 - 240.

刘红波，林彬，2019. 人工智能政策扩散的机制与路径研究：一个类型学的分析视角 [J]. 中国行政管理 (4)：38 - 45.

刘佳，刘俊腾，2020. "最多跑一次"改革的扩散机制研究：面向中国 294 个地级市的事件史分析 [J]. 甘肃行政学院学报 (4)：26 - 36，125.

刘培伟，2010. 基于中央选择性控制的试验：中国改革"实践"机制的一种新解释 [J]. 开放时代 (4)：59 - 81.

刘琼，职朋，佴玲莉，等，2019. 住房限购政策扩散：内部诉求还是外部压力 [J]. 中国土地科学，33 (2)：57 - 66.

刘然，2019. "政策试点" "政策试验"与"政策实验"的概念辨析 [J]. 内蒙古社会科学 (6)：34 - 38.

刘少奇，1950. 关于土地改革问题的报告 [M] //刘少奇选集（下卷）. 北京：人民出版社：14.

刘彤，等，2017. 新中国成立前中国共产党对农村治理的初步探索 [J]. 东北师大学报 (1)：37 - 41.

刘伟，2012. 国际公共政策的扩散机制与路径研究 [J]. 世界经济与政治 (4)：40 - 58，156 - 157.

刘伟，2014. 学习借鉴与跟风模仿：基于政策扩散理论的地方政府行为辨析 [J]. 国家行政学院学报 (1)：34 - 38.

刘智洋，刘宪银，2015. 美丽安吉　标准引领　全面打造美丽乡村升级版：安吉运用标准手段推进美丽乡村建设纪实 [J]. 中国标准化 (5)：58 - 63.

马亮，2011. 府际关系与政府创新扩散：一个文献综述 [J]. 甘肃行政学院学报 (6)：33 - 41.

马亮，2012. 政府创新扩散视角下的电子政务发展：基于中国省级政府的实证研究 [J]. 图书情报工作，56 (7)：117 - 124.

毛泽东，1991. 毛泽东选集：第三卷 [M]. 北京：人民出版社：897.

毛泽东，1991. 毛泽东选集：第四卷 [M]. 北京：人民出版社：1284.

毛泽东，2011. 关于农村互助合作的两次谈话 [M] //中共中央文献研究室. 建国以来重要文献选编（第 4 册）. 北京：中央文献出版社：406.

毛泽东，2011. 介绍一个合作社 [M] //中共中央文献研究室. 建国以来重要文献选编（第 11 册）. 北京：中央文献出版社：238 - 239.

聂辉华，2011. 对中国深层次改革的思考：不完全契约的视角 [J]. 国际经济评论 (1)：129 - 140.

庞明礼，于珂，2020. "先行先试"的次优绩效及其扩散机制：以 W 市生活垃圾分类政策为例 [J]. 地方治理研究 (1)：2 - 12，78.

彭真，1991. 彭真文选（一九四一——一九九〇年）[M]. 北京：人民出版社：431.

乔坤元，2013. 我国官员晋升锦标赛机制的再考察：来自省、市两级政府的证据 [J]. 财经研究（4）：123-133.

沈延生，1998. 村政的兴衰与重建［J］. 战略与管理（6）：1-34.

石晋昕，杨宏山，2019. 政策创新的"试验—认可"分析框架：基于央地关系视角的多案例研究［J］. 中国行政管理（5）：84-89.

唐鸣，2020. 从试点看以村民小组或自然村为基本单元的村民自治：对国家层面24个试点单位调研的报告［J］. 中国农村观察（1）：2-16.

王丛虎，马文娟，2020. 公共资源交易政策扩散的行动策略研究［J］. 治理研究，36（2）：100-109.

王法硕，张桓朋，2021. 重大公共危机事件背景下爆发式政策扩散研究：基于健康码省际扩散的事件史分析［J］. 电子政务（1）：21-31.

王洪涛，魏淑艳，2015. 地方政府信息公开制度时空演进机理及启示：基于政策扩散视角［J］. 东北大学学报（社会科学版），17（6）：600-605，612.

王立胜，2007. 人民公社化运动与中国农村社会基础再造［J］. 中共党史研究（3）：28-33.

王洛忠，庞锐，2018. 中国公共政策时空演进机理及扩散路径：以河长制的落地与变迁为例［J］. 中国行政管理（5）：63-69.

王浦劬，赖先进，2013. 中国公共政策扩散的模式与机制分析［J］. 北京大学学报，50（6）：14-23.

王绍光，2008. 学习机制与适应能力：中国农村合作医疗体制变迁的启示［J］. 中国社会科学（6）：111-133，207.

王余生，2017. 政策扩散视域下的城市区级政府政策创新：基于武汉G区商事监管改革实践分析［J］. 广州大学学报（社会科学版），16（4）：57-64.

魏景容，2021. 政策文本如何影响政策扩散：基于四种类型政策的比较研究［J］. 东北大学学报（社会科学版），23（1）：87-95.

吴宾，杨彩宁，唐薇，2020. "人才新政"的政策创新扩散及风险识别［J］. 兰州学刊（6）：131-141.

吴光芸，万洋，2019. 政策创新的扩散：中国"证照分离"改革的实证分析［J］. 经济体制改革（4）：19-27.

吴建南，张攀，刘张立，2014. "效能建设"十年扩散：面向中国省份的事件史分析［J］. 中国行政管理（1）：76-82.

吴理财，2002. 村民自治与国家政权建设［J］. 学习与探索（1）：24-29.

吴怡频，陆简，2018. 政策试点的结果差异研究：基于2000年至2012年中央推动型试点的实证分析［J］. 公共管理学报，15（1）：58-70，156.

习近平，2013. 在中共中央政治局第二次集体学习时的讲话［N］. 人民日报，2013-01-02（1）.

徐勇，2007. "政党下乡"：现代国家对乡土的整合［J］. 学术月刊（8）：13-20.

严荣，2008. 转型背景下政策创新的扩散与有限理性学习［J］. 上海行政学院学报（3）：35-43.

杨代福，刘新，2018. 美国社会治理创新扩散：特征、机制及对中国的启示 [J]. 地方治理研究 (1)：49-64，80.

杨海东，季朝新，2019. 新型城镇化建设背景下运动休闲特色小镇政策扩散分析 [J]. 体育文化导刊 (12)：31-36.

杨宏山，2013. 双轨制政策试验：政策创新的中国经验 [J]. 中国行政管理 (6)：12-15.

杨宏山，李娉，2018. 中美公共政策扩散路径的比较分析 [J]. 学海 (5)：82-88.

杨宏山，李娉，2019. 政策创新争先模式的府际学习机制 [J]. 公共管理学报，16 (2)：1-14，168.

杨静文，2006. 我国政务中心制度创新扩散实证分析 [J]. 中国行政管理 (6)：41-44.

杨君左，2016. 安吉人的生态文明之路 [N]. 杭州日报，2016-07-26.

杨志，魏姝，2018. 政策爆发：非渐进政策扩散模式及其生成逻辑：以特色小镇政策的省际扩散为例 [J]. 江苏社会科学 (5)：140-149.

杨志，魏姝，2019. 政策扩散视域下的地方政府政策创新持续性研究：一个整合性理论框架 [J]. 学海 (3)：27-33.

杨志，魏姝，2020. 政策爆发生成机理：影响因素、组合路径及耦合机制：基于25个案例的定性比较分析 [J]. 公共管理学报，17 (2)：14-26，165.

杨志，魏姝，2020. 政府考察学习如何影响政策扩散？：以县级融媒体中心政策为例 [J]. 公共行政评论，13 (5)：160-180，209-210.

姚连营，2019. 政策试点成效的影响因素研究：基于浙江省417项试点的实证分析 [J]. 甘肃行政学院学报 (5)：50-60，126-127.

姚汝铖，郑军，姚友平，2013. SPSS对有序分类资料的统计分析方法 [J]. 现代预防医学，40 (16)：2972-2975，2978.

应星，2016. 农户、集体与国家：国家与农民关系的六十年变迁 [M]. 北京：中国社会科学出版社：43.

于文轩，2020. 中国公共行政学案例研究：问题与挑战 [J]. 中国行政管理 (4)：45-52.

俞可平，2008. 改革开放30年政府创新的若干经验教训 [J]. 国家行政学院学报 (3)：19-21.

郁建兴，黄飚，2017. 当代中国地方政府创新的新进展 [J]. 政治学研究 (5)：88-103.

岳经纶，惠云，王春晓，2019. "罗湖模式"何以得到青睐?：基于政策创新扩散的视角 [J]. 南京社会科学 (3)：57-63.

张海清，廖幸谬，2020. 领导挂点调研与政策扩散：中国改革过程的风险调控 [J]. 中国行政管理 (11)：92-98.

张克，2015. 地方主官异地交流与政策扩散：以"多规合一"改革为例 [J]. 公共行政评论，8 (3)：79-102.

张克，2015. 政策试点何以扩散：基于房产税与增值税改革的比较研究 [J]. 中共浙江省委党校学报 (2)：55-62.

张克，2017. 西方公共政策创新扩散：理论谱系与方法演进 [J]. 国外理论动态 (4)：35-44.

张克，2017. 政策扩散视角下的省直管县财政改革：基于 20 个省份数据的探索性分析
[J]. 北京行政学院学报（1）：17-26.

张乐天，1996. 论人民公社制度及其研究 [J]. 华东理工大学学报（文科版）（3）：23-30.

张玮，2018. 居住证制度在国内的扩散路径与机制分析 [J]. 信阳师范学院学报，38（6）：
15-20.

张洋，2017. 社会政策创新扩散的机理和动因：以流动人口积分制管理政策为例 [J]. 中
国公共政策评论，12（1）：108-129.

张志原，李论，2020. "一带一路"倡议的扩散分析 [J]. 国际政治科学，5（1）：130-
160.

章高荣，2017. 高风险弱激励型政策创新扩散机制研究：以省级政府社会组织双重管理体
制改革为例 [J]. 公共管理学报，14（4）：1-15，153.

赵慧，2013. 中国社会政策创新及扩散：以养老保险政策为例 [J]. 国家行政学院学报
（6）：44-48.

赵静，陈玲，薛澜，2013. 地方政府的角色原型、利益选择和行为差异：一项基于政策过
程研究的地方政府理论 [J]. 管理世界（2）：90-106.

郑石明，李佳琪，李良成，2019. 中国创新创业政策变迁与扩散研究 [J]. 中国科技论坛
（9）：16-24.

郑永君，2018. 政策试点扩散的过程、特征与影响因素：以社区矫正为例 [J]. 内蒙古社
会科学，39（1）：31-36.

中共中央文献研究室，2000. 陈云年谱（下卷）[M]. 北京：中央文献出版社：69.

中国抗日战争史学会，中国人民抗日战争纪念馆，1995. 抗战时期的陕甘宁边区 [M]. 北
京：北京出版社：704.

周黎安，2007. 中国地方官员的晋升锦标赛模式研究 [J]. 经济研究（7）：36-50.

周望，2016. 如何"由点到面"？："试点—推广"的发生机制与过程模式 [J]. 中国行政管
理（10）：111-115.

周望，2012. 政策扩散理论与中国"政策试验"研究：启示与调适 [J]. 四川行政学院学
报（4）43-46.

周望，2014. 中国"政策试点"：起源与轨迹 [J]. 福州党校学报（2）：27-31.

周文辉，贺随波，2019. 博士生招生"申请—考核"制在我国"双一流"建设高校中扩散
的制度分析 [J]. 中国高教研究（1）：72-78，85.

朱多刚，胡振吉，2017. 中央政府推进政策扩散的方式研究：以廉租房政策为例 [J]. 东
北大学学报（社会科学版），19（4）：378-384.

朱光喜，陈景森，2019. 地方官员异地调任何以推动政策创新扩散？：基于议程触发与政策
决策的比较案例分析 [J]. 公共行政评论，12（4）：124-142，192-193.

朱旭峰，张友浪，2014. 地方政府创新经验推广的难点何在：公共政策创新扩散理论的研
究评述 [J]. 人民论坛·学术前沿（17）：63-77.

朱旭峰，张友浪，2015. 创新与扩散：新型行政审批制度在中国城市的兴起 [J]. 管理世
界（10）：91-105，116.

朱旭峰，赵慧，2016. 政府间关系视角下的社会政策扩散：以城市低保制度为例（1993—1999）[J]. 中国社会科学（8）：95 - 116，206.

朱亚鹏，丁淑娟，2016. 政策属性与中国社会政策创新的扩散研究 [J]. 社会学研究，31（5）：88 - 113，243.

邹东升，陈思诗，2018. 党的十八大后中国省级政府权力清单制度创新的扩散：基于政策扩散理论的解释 [J]. 西部论坛，28（2）：26 - 34.

ALLEN M D，PETTUS C，HAIDER - MARKEL D P，2004. Making the National Local：Specifying the Conditions for National Government Influence on State Policy making [J]. State Politics & Policy Quarterly，4（3）：318 - 344.

ALM J，MCKEE M，SKIDMORE M，1993. Fiscal Pressure，Tax Competition，and the Introduction of State Lotteries [J]. National Tax Journal，46（4）：463 - 476.

AYLOR J K，LEWIS D C，JACOBSMEIER M L，et al，2012. Content and Complexity in Policy Reinvention and Diffusion：Gay and Transgender - Inclusive Laws against Discrimination [J]. State Politics & Policy Quarterly，12（1）：75 - 98.

BACOT A H，DAWES R A，1996. Responses to Federal Devolution：Measuring State Environmental Efforts [J]. State and Local Government Review，28（2）：124 - 135.

BAUM J A C，DOBBIN F，1983. The Iron Cage Revisited：Institutional Isomorphism and Collective Rationality in Organizational Fields [J]. American Sociological Review，48（2）：147 - 160.

BAYBECK B B，2005. Using Geographic Information Systems to Study Interstate Competition [J]. American Political Science Review，99（4）：505 - 519.

BAYBECK B，BERRY W D，SIEGEL D A，2011. A strategic theory of policy diffusion via intergovernmental competition [J]. The Journal of Politics，73（1）：232 - 247.

BERRY F S，1994. Sizing Up State Policy Innovation Research [J]. Policy Studies Journal，22（3）：442 - 456.

BERRY F S，BERRY W D，1990. State Lottery Adoptions as Policy Innovations：An Event History Analysis [J]. American Political Science Review，84（2）：395 - 415.

BERRY F S，1994. Innovation in Public Management：The Adoption of Strategic Planning [J]. Public Administration Review（54）：322 - 330.

BERRY W D，BAYBECK B，2005. Using Geographic Information Systems to Study Interstate Competition [J]. The American Political Science Review，99（4）：505 - 519.

BIESENBENDER S，TOSUN J，2014. Domestic politics and the diffusion of international policy innovations：How does accommodation happen? Global Environmental Change（29）：424 - 433.

BOECKELMAN K，1992. The Influence of States on Federal Policy Adoptions [J]. Policy Studies Journal，20（3），365 - 375.

BOEHMKE F J，WITMER R，2004. Disentangling Diffusion：The Effects of Social Learning and Economic Competition on State Policy Innovation and Expansion [J]. Political Research Quarterly, 57 (1): 39 - 51.

BOUSHEY G T, 2010. Policy Diffusion Dynamics in America [M]. Cambridge: Cambridge University Press.

BOUSHEY G, et al, 2016. Targeted for Diffusion? How the Use and Acceptance of Stereotypes Shape the Diffusion of Criminal Justice Policy Innovations in the American States [J]. American Political Science Review, 110 (1): 198 - 214.

BRAUN D, GILARDI F, 2006. Taking 'Galton's Problem' Seriously Towards a Theory of Policy Diffusion [J]. Journal of Theoretical Politics, 18 (3): 298 - 322.

BROOKS S M, 2010. Interdependent and Domestic Foundations of Policy Change: The Diffusion of Pension Privatization Around the World [J]. International Studies Quarterly, 49 (2): 273 - 294.

CARTER L E, LAPLANT J T, 1997. Diffusion of Health Care Policy Innovation in the United States [J]. State and Local Government Review, 29 (1): 17 - 26.

CHUBB J, 1985. The Political Economy of Federalism [J]. American Political Science Review, 79 (4): 994 - 1015.

DALEY D M, 2007. Voluntary Approaches to Environmental Problems: Exploring the Rise of Nontraditional Public Policy [J]. The Policy Studies Journal, 35 (2): 165 - 180.

DALEY D M, GARAND J C, 2005. Horizontal Diffusion, Vertical Diffusion, and Internal Pressure in State Environmental Policymaking, 1989—1998 [J]. American Politics Research, 33 (5): 615 - 644.

DOLOWITZ D P, MARSH D, 1996. Who Learns What from Whom? A Review of the Policy Transfer Literature [J], Political Studies (44): 343 - 357.

DOUGLAS J W, RAUDLA R, HARTLEY R E, 2015. Shifting Constellations of Actors and Their Influence on Policy Diffusion: A Study of the Diffusion of Drug Courts [J]. The Policy Studies Journal, 43 (4): 484 - 511.

DOWNS G, MOHR L, 1979. Towards a theory of innovation [J]. Administration and Society, 10 (4): 379 - 408.

DREZNER D W, 2005. Globalization, Harmonization, and Competition: The Different Pathways to Policy Convergence [J]. Journal of European Public Policy (12): 841 - 859.

ELKINS Z, GUZMAN A T, SIMMONS B A, 2006. Competing for capital: the diffusion of bilateral investment treaties, 1960—2000 [J]. International Organization, 60 (4): 811 - 846.

EOM T H, BAE H, KIM S, 2017. Moving Beyond the Influence of Neighbors on Policy Diffusion: Local Influences on Decisions to Conduct Property Tax Reassessment in New York [J]. The American Review of Public Administration, 47 (5): 599 - 614.

ERRY F S, BERRY W D, 2014. Innovation and diffusion models in policy research [C]. In: P. Sabatier, ed. Theories of the policy process [A]. 3rd ed. Boulder, CO: Westview Press: 307 - 359.

ESHBAUGH - SOHA M, 2006. The Conditioning Effects of Policy Salience and Complexity on American Political Institutions [J]. The Policy Studies Journal, 34 (2): 223 - 243.

EYESTONE R, 1977. Confusion, diffusion, and innovation [J]. American Political Science Review, 71 (2): 441 - 447.

FRANK D, SIMMONS B, GARRETT G, 2007. The Global Diffusion of Public Policies: Social Construction, Coercion, Competition, or Learning? [J]. Annual Review of Sociology, 33 (1): 449 - 472.

GANDARA D, RIPPNER J A, NESS E C, 2017. Exploring the 'How' in Policy Diffusion: National Intermediary Organizations' Roles in Facilitating the Spread of Performance - Based Funding Policies in the States [J]. Journal of Higher Education, 88 (5): 701 - 725.

GILARDI F, 2010. Who learns from what in policy diffusion processes? [J]. American Journal of Political Science, 54 (3): 650 - 666.

GILARDI, FABRIZIO, 2016. Four Ways We Can Improve Policy Diffusion Research [J]. State Politics & Policy Quarterly, 16 (1): 8 - 21.

GORMLEY W T, 1986. Regulatory Issue Networks in a Federal System [J]. Polity, 18 (4): 595 - 620.

GRAHAM E R, SHIPAN C R, VOLDEN C, 2012. Review Article: The Diffusion of Policy Diffusion Research in Political Science [J]. British Journal of Political Science (43): 673 - 701.

GRAY V, 1973. Innovation in the States: A Diffusion Study [J]. American Political Science Review, 67 (4): 1174 - 1185.

HALL P A, 1988. Policy paradigms, social learning and the state [C]. a paper presented to the International Political Science Association, Washington D. C.

HEIDEN N V D, STREBEL F, 2012. What about non - diffusion? the effect of competitiveness in policy - comparative diffusion research [J]. Policy Sciences, 45 (4): 345 - 358.

HEILMANN S, 2008. Policy experimentation in China's economic rise [J]. Studies in Comparative International Development, 43 (1): 1 - 26.

HEINZE T, 2011. Mechanism - Based Thinking on Policy Diffusion. A Review of Current Approaches in Political Science [J]. Kfg Working Papers, (34).

HINKLE R K, 2015. Using Statutory Text to Explore the Impact of Federal Courts on State Policy Diffusion [J]. American Journal of Political Science, 59 (4): 1002 - 1021.

HOFFERBERT R I, 1974. The Study of Public Policy [M]. New York: Bobbs - Merrill: 22.

HOWLETT M, 2011. Designing public policies: Principles and instruments. London, New York: Routledge [M]. Taylor & Francis Group: 12 - 16.

JONES B D, 1999. Reconceiving Decision - Making Policy Reinvention: State Death Penalties [J]. The Annals of the American Academy of Political and Social Science, 556 (1): 80 -

92.

JORDAN A, HUITEMA D, 2014. Innovations in climate policy: the politics of invention, diffusion, and evaluation [J]. Environmental Politics, 23 (5): 715 - 734.

JORDAN A, HUITEMA D, 2014. Policy innovation in a changing climate: Sources, patterns and effects [J]. Global Environmental Change, 29: 387 - 394.

KARCH A, 2006. National Intervention and the Diffusion of Policy Innovations [J]. American Politics Research (34): 403 - 426.

KARCH A, 2007. Emerging Issues and Future Directions in State Policy Diffusion Research [J]. State Politics & Policy Quarterly, 7 (1): 54 - 80.

KARCH A, 2012. Vertical Diffusion and the Policy - Making Process: The Politics of Embryonic Stem Cell Research [J]. Political Research Quarterly, 65 (1): 48 - 61.

KARCH A, 2007. Democratic Laboratories: Policy Diffusion Among the American States. Ann Arbor [M]. Michigan: University of Michigan Press.

KELLIHER D, 1997. The Chinese Debate Over Village Self - Government [J]. The China Journal (37): 63 - 86.

KEN K, MILLER J H, PAGE S E, 2000. Decentralization and the Search for Policy Solutions [J]. Journal of Law, Economics, & Organization, 16 (1): 102 - 128.

KIMBERLY J R, EVANISKO K, 1982. Organizational Innovation: The Influence of Individual, Organizational, and Contextual Factors on Hospital Adoption of Technological and Administrative Innovations [J]. The Academy of Management Journal, 24 (4): 689 - 713.

LIANG M, 2013. The Diffusion of Government Microblogging [J]. Public Management Review, 15 (2): 288 - 309.

LYNN L, 1997. Innovation and the Public interest. In: A. Altshuler and R. Behn, eds [J]. Innovation in American Government. Washington, DC: Brookings Institute: 83 - 103.

MAKSE T, VOLDEN C, 2011. The role of policy attributes in the diffusion of innovations [J]. Journal of Politics, 73 (1): 108 - 124.

MANION, 1996. The Electoral Connection in Chinese Countryside [J]. American Political Science Review, 90 (4): 736 - 748.

MARSDEN G, FRICK K T, MAY A D, et al, 2010. How do cities approach policy innovation and policy learning? A study of 30 policies in Northern Europe and North America [J]. Transport Policy, 18 (3): 501 - 512.

MARTIN L L, 1992. Interests, Power, and Multilateralism [J]. International Organization, 46 (4): 765 - 792.

MAY P J, 1992. Policy Learning and Failure [J]. Journal of Public Policy, 12 (4): 331 - 354.

MCCANN P J C, SHIPAN C R, VOLDEN C, 2010. Intergovernmental Policy Diffusion: National Influence on State Policy Adoptions [A]. Paper prepared for the 2010 Midwest

Political Science Association Meeting.

MCCANN P J C, SHIPAN C R, VOLDEN C, 2015. Top – down federalism: state policy responses to national government discussions [J]. The Journal of Federalism, 45 (4): 495 – 525.

MEI C Q, LIU Z L, 2014. Experiment – based policy making or conscious policy design? The case of urban housing reform in China [J]. Policy Sciences, 47 (3): 321 – 337.

MICHAEL M, 1997. Policy entrepreneurs and the diffusion of innovation [J]. American Journal of Political Science, 41 (3): 738 – 770.

MICHAEL M, 1997. The State – Local Nexus in Policy Innovation Diffusion: The Case of School Choice [J]. Publius, 27 (3): 41 – 59.

MITCHELL J L, 2017. Does Policy Diffusion Need Space? Spatializing the Dynamics of Policy Diffusion, Policy Studies Journal, 46 (3): 1 – 28.

MITCHELL O, 2003. Mapping the diffusion of pensions reforms. In Pension reform in Europe: Process and progress [M]. Washington DC: World Bank: 171 – 92.

MOHR L B, 1969. Determinants of Innovation in Organizations [J]. American Political Science Review, 63 (1): 111 – 126.

MOKHER C G, MICHAEL K M, 2009. Uniting Secondary and Postsecondary Education: An Event History Analysis of State Adoption of Dual Enrollment Policies [J]. American Journal of Education (115): 249 – 277.

MONTINOLA G, QIAN Y Y, WEINGAST B, 1995. Federalism, Chinese Style: the Political Basis for Economic Success in China [J]. World Politics, 48 (1): 50 – 81.

MOSSBERGER K, 1999. State – Federal Diffusion and Policy Learning: From Enterprise Zones to Empowerment Zones [J]. Publius, 29 (3): 31 – 50.

NEWMARK A J, 2002. An Integrated Approach to Policy Transfer and Diffusion [J]. The Review of Policy Research, 19 (1): 152 – 76.

NICE D C, 1994. Policy innovation in state government [M]. Ames: Iowa State University Press.

NICE D C, 1987. Federalism: The politics of intergovernmental relations [M]. New York: Saint Martin's Press: 14.

NICHOLSON – CROTTY S, 2009. The Politics of Diffusion: Public Policy in the American States [J]. The Journal of Politics, 71 (1): 14.

NICHOLSON – CROTTY S, CARLEY S, 2016. Effectiveness, Implementation, and Policy Diffusion: Or 'Can We Make That Work for Us?' [J]. State Politics & Policy Quarterly, 16 (1): 78 – 97.

O'BRIEN K, 1994. Implementing Political Reform in China's Villages [J]. Australian Journal of Chinese Affairs (32): 33 – 59.

O'BRIEN K, LI L J, 2000. Accommodating 'Democracy' in a One – Party – State: Introducing Village Elections in China [J]. The China Quarterly (162): 465 – 489.

PACHECO J, 2012. The Social Contagion Model: Exploring the Role of Public Opinion on the Diffusion of Antismoking Legislation across the American States [J]. The Journal of Politics, 74 (1): 187 - 202.

PAUL B, LINTON A, 2002. The Impact of Political Parties, Interest Groups, and Social Movement Organizations on Public Policy [J]. Social Forces (81): 380 - 408.

PERRY J L, KRAEMER K L, 1978. Innovation Attributes, Policy Intervention, and the Diffusion of Computer Applications Among Local Governments [J]. Policy Sciences, 9 (2): 179 - 205.

POLSBY N, 1984. Political innovation in America [M]. New Haven, CT: Yale University Press: 8.

REDMOND W H, 2003. Innovation, Diffusion, and Institutional Change [J]. Journal of Economic Issues, 37 (3): 665 - 679.

REED S R, 1983. Patterns of diffusion in Japan and America [J]. Comparative Political Studies, 16 (2): 215 - 234.

RICHARD R, 1991. What is Lesson - Drawing [J]. Journal of Public Policy (11): 3 - 30.

ROGERS E M, 2004. Diffusion of Innovations [M]. 5th ed. New York: Free Press.

SAAM N J, KERBER W, 2013. Policy Innovation, Decentralised Experimentation, and Laboratory Federalism [J]. Social Science Electronic Publishing, 16 (1): 7.

SABATIER P A, 1988. An Advocacy Coalition Framework of Policy Change and the Role of Policy - Oriented Learning Therein [J]. Policy Sciences (21): 129 - 168.

SATTERTHWAITE S B, 1990. Innovation and Diffusion of Managed Care in Medicaid Programs [J]. State and Local Government Review, 34 (2): 116 - 26.

SAVAGE R L, 1985. Diffusion Research Traditions and the Spread of Policy Innovations in a Federal System [J]. Publius, 15 (4): 1 - 27.

SCHOUT A, NORTH D C, 1990. Institutional Change and Economic Performance [J]. Economic Journal, 101 (409): 1587.

SEBASTIAN H, 2008. From Local Experiments to National Policy: The Origins of China's Distinctive Policy Process [J]. The China Journal, 59: 1 - 30.

SHIPAN C R, VOLDEN C, 2006. Bottom - Up Federalism: The Diffusion of Antismoking Policies from U. S. Cities to States [J]. American Journal of Political Science, 50 (4): 825 - 843.

SHIPAN C R, VOLDEN C, 2008. The Mechanisms of Policy Diffusion [J]. American Journal of Political Science, 52 (4): 840 - 857.

SHIPAN G, CHARLES R, VOLDEN C, 2013. The diffusion of policy diffusion research in political science [J]. British Journal of Political Science, 43 (3): 673 - 701.

SIMMONS B A, DOBBIN F, GARRETT G, 2006. Introduction: The International Diffusion of Liberalism [J]. International Organization (60): 781 - 810.

SIMMONS B A, ELKINS Z, 2004. The Globalization of Liberalization: Policy Diffusion in the International Political Economy [J]. American Political Science Review, 98 (1): 171 - 189.

STEPHEN A, FIGUEIREDO J D, SNYDER JR J M, 2003. Why Is There So Little Money in U. S. Politics? [J] Journal of Economic Perspectives (17): 105 - 130.

STEVEN J B, 2001. Interstate Professional Associations and the Diffusion of Policy Innovations, 29 (3): 221 - 245.

STREBEL F, WIDMER T, 2012. Visibility and facticity in policy diffusion: going beyond the prevailing binarity [J]. Policy Sciences, 45 (4): 385 - 398.

TEWS K, BUSCH P O, JRGENS H, 2003. The Diffusion of New Environmental Policy Instruments [J]. European Journal of Political Research, 42 (4): 569 - 600.

THYE W W, 1999. The Real Reasons for China's Growth [J]. The China Journal, 41 (1): 115 - 137.

TOLBERT C J, MOSSBERGER K, MCNEAL R, 2010. Institutions, Policy Innovation, and E - Government in the American States [J]. Public Administration Review, 68 (3): 549 - 563.

VIRGINIA G, 1973. Innovation in the States: A Diffusion Study [J]. The American Political Science Review, 67 (4): 1174 - 1185.

VOGEL D, 1995. Trading Up: Consumer and Environmental Regulation in a Global Economy [M]. Cambridge: Harvard University Press.

VOLDEN C, 2002. The Politics of Competitive Federalism: A Race to the Bottom in Welfare Benefits? [J]. American Journal of Political Science (46): 352 - 363.

VOLDEN C, 2006. States as Policy Laboratories: Emulating Success in the Children's Health Insurance Program [J]. American Journal of Political Science, 50 (2): 294 - 312.

VOLDEN C, TING M M, CARPENTER D P, 2008. A Formal Model of Learning and Policy Diffusion [J]. The American Political Science Review, 102 (3): 319 - 332.

WALKER J L, 1969. The Diffusion of Innovations among the American States [J]. The American Political Science Review, 63 (3): 880 - 899.

WALKER R M, 2007. An Empirical Evaluation of Innovation Types and Organizational and Environmental Characteristics: Towards a Configuration Framework [J]. Journal of Public Administration Research & Theory, 18 (4): 591 - 615.

WANG X, 1997. Mutual Empowerment of State and Peasantry: Grassroots Democracy in Rural China [J]. World Development, 25 (9): 1431 - 1442.

WELCH S, THOMPSON K, 1980. The Impact of Federal Incentives on State Policy Innovation [J]. American Journal of Political Science, 24 (4): 715 - 729.

WHITAKER E A, HERIAN M N, LARIMER C W, et al, 2012. The Determinants of Policy Introduction and Bill Adoption: Examining Minimum Wage Increases in the American States, 1997—2006 [J]. Policy Studies Journal, 40 (4): 625 - 650.

XU C G, 2011. The Fundamental Institutions of China's Reforms and Development [J].

Journal of Economic Literature, 49 (4): 1076 - 1151.

ZHU X F, 2017. Inter - regional diffusion of policy innovation in China: A comparative case study [J]. Asian Journal of Political Science, 25 (1): 1 - 21.

ZHU X F, ZHAO H, 2018. Recognition of Innovation and Diffusion of Welfare Policy: Alleviating Urban Poverty in Chinese Cities during Fiscal Recentralization [J]. Governance (31): 721 - 739.

图书在版编目（CIP）数据

新时代乡村治理政策创新扩散机制和路径优化研究 /
杨正喜著. —北京：中国农业出版社，2022.12
（新时代城乡基层治理前沿问题研究丛书）
ISBN 978-7-109-30359-1

Ⅰ.①新…　Ⅱ.①杨…　Ⅲ.①农村－群众自治－研究
－中国　Ⅳ.①D638

中国国家版本馆 CIP 数据核字（2023）第 010614 号

新时代乡村治理政策创新扩散机制和路径优化研究
XINSHIDAI XIANGCUN ZHILI ZHENGCE CHUANGXIN KUOSAN JIZHI HE LUJING YOUHUA YANJIU

中国农业出版社出版
地址：北京市朝阳区麦子店街 18 号楼
邮编：100125
责任编辑：张　丽
责任校对：张雯婷
印刷：北京中兴印刷有限公司
版次：2022 年 12 月第 1 版
印次：2022 年 12 月北京第 1 次印刷
发行：新华书店北京发行所
开本：700mm×1000mm　1/16
印张：10
字数：200 千字
定价：68.00 元

版权所有·侵权必究
凡购买本社图书，如有印装质量问题，我社负责调换。
服务电话：010-59195115　010-59194918